圖解 適齡教養

ADHD 亞斯伯格 自閉症

ADHD權威醫師
司馬理英子 ◎著

黃雅芬兒童心智診所所長
黃雅芬 醫師 ◎審定

林慧雯 ◎譯

アスペルガー・ADHD
発達障害　シーン別解決ブック

contents

目次

審定者序〉透過更多的正向循環，讓世界更美好！ ◎黃雅芬……009

推薦序1〉給這群辛苦長大的孩子一個溫柔的擁抱 ◎翁菁菁……011

推薦序2〉父母是孩子最強的後盾，陪伴孩子一起努力 ◎陳玉蘭……013

〈漫畫圖解〉所謂的神經發展障礙就是這樣的狀態

CASE 1 ● 亞斯伯格症 ● 5歲的小麻衣「無法好好說出自己想要說的話」……016

CASE 2 ● 亞斯伯格症 ● 小學2年級的小亮「對自己不感興趣的事完全無法付出關心」……018

CASE 3 ● 亞斯伯格症 ● 國中1年級的阿和「過於一板一眼無法通融，無法與朋友融洽相處」……020

CASE 4 ● ADHD ● 小學4年級的太郎「上課時無法乖乖坐好，也沒辦法集中精神」……022

CASE 5 ● ADHD ● 高中1年級的亞希「不擅長收拾整理，時常忘東忘西」……024

專欄 亞斯伯格症與ADHD有相似之處嗎？……026

第1章 必須先掌握的神經發展障礙基本知識……027

感覺自己在教養過程中似乎不太順利……028

察覺孩子與眾不同的時間點會因障礙類型而異……030

神經發展障礙是自閉症、ADHD與LD等的總稱……032

亞斯伯格症孩子的特徵……034

ADHD孩子的特徵……036
LD孩子的特徵……038
為什麼會產生神經發展障礙呢？……040
一旦察覺到孩子似乎不太對勁……042
當孩子被確診為神經發展障礙後……044
及早發現便能及早獲得援助……046
該如何選擇幼兒園、小學與國中？……048
青春期的應對方式……050
能夠進入高中、大學求學並就職嗎？……052
盡早採取對策才能預防二次傷害……054
讓母親的心靈獲得喘息也很重要……056
專欄 全新的範疇「自閉症類群障礙症（ASD）」是？……058

第2章 【亞斯伯格症】教養的實踐對策 關鍵就在這裡！……059

亞斯伯格症的孩子是怎麼樣的孩子呢？……060
亞斯伯格症的診斷準則與藥物治療法……062

contents

目次

教養亞斯伯格症孩子時必須注意的事項……064

幼兒期●亞斯伯格症孩子與人相處的模式有許多種……066

幼兒期●教導孩子該如何與人溝通……068

幼兒期●面對孩子獨特堅持的對應方法……070

幼兒期●當孩子感到恐慌時的對應方法……072

幼兒期●製作計畫大綱……074

幼兒期●教導孩子說：「謝謝」、「對不起」、「沒關係」……076

學齡期●教導孩子該如何與別人相處……078

學齡期●教導孩子與人溝通的方法……080

學齡期●當孩子感到恐慌時的對應方法……082

學齡期●教導孩子該如何表現出自己的情緒……084

學齡期●親子之間保持和諧的溝通情境……086

學齡期●具體地告訴孩子該做的事情……088

學齡期●以書寫的方式教導孩子……090

學齡期●建立作業流程……092

學齡期●教導孩子與別人相處時的潛規則……094

青春期●教導孩子該如何與朋友進行溝通……096

青春期●教導孩子關於人際關係的種種……098

青春期●提醒孩子在戀愛時必須注意的地方……100

專欄 青春期孩子性方面的煩惱……102

第3章 【ADHD】教養的實踐對策 關鍵就在這裡！……103

ADHD的孩子是怎麼樣的孩子呢？……104

ADHD的診斷準則與藥物治療法……106

教養ADHD孩子時必須注意的事項……108

幼兒期●停止採取不恰當的應對……110

幼兒期●擬定好孩子浮躁、沉不住氣的對策……112

學齡期●花點心思讓孩子避免遺落物品……114

學齡期●教導孩子等待的重要性……116

學齡期●安排好每天的行程表……118

學齡期●選出必須特別管教的事項……120

學齡期●整理出孩子的問題行為並擬定對策……122

學齡期●引導出孩子想要努力的意願……124

學齡期●花點心思讓孩子能持續集中精神……126

學齡期●以讚美的方式教養孩子……128

學齡期●以簡單明瞭的方式教導孩子如何整理……130

contents

目次

●學齡期●讓孩子累積成功的經驗……132

●青春期●教導孩子念書的方法……134

●青春期●不要貿然抽離孩子的生活，全力支援孩子……136

專欄 父母管理訓練……138

第4章

【自閉症】教養的實踐對策關鍵就在這裡！……139

自閉症的孩子是怎麼樣的孩子呢？……140

自閉症的診斷準則與治療法……142

以簡單明瞭的方式與孩子說話……144

勿以否定的言語斥責孩子……146

以簡單明瞭的方式教導孩子生活習慣……148

幫孩子製作出1日行程表……150

能幫助孩子自行獨立的療育……152

專欄 與自閉症孩子相處時要特別留意的事……154

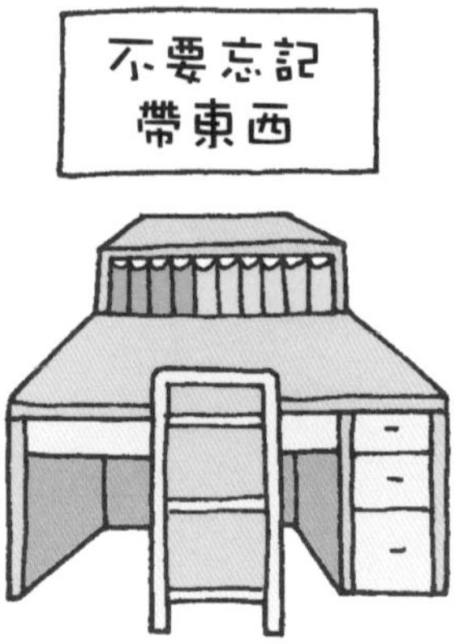

第5章 該如何面對成人的神經發展障礙…155

有些人是長大成人後才察覺到患有神經發展障礙……156
成人與孩童的神經發展障礙有何差異呢？……158

成人的亞斯伯格症特徵……160

症狀別① 成人亞斯伯格症的改善方法 無法向別人打招呼、建立起良好的溝通……162
症狀別② 成人亞斯伯格症的改善方法 心裡想到什麼就不假思索地脫口而出……164
症狀別③ 成人亞斯伯格症的改善方法 工作無法順利進行……166
症狀別④ 成人亞斯伯格症的改善方法 說起話來夾纏不清、讓人很難理解……168
症狀別⑤ 成人亞斯伯格症的改善方法 容易向第一次見面的人說出個人隱私……170
症狀別⑥ 成人亞斯伯格症的改善方法 容易捲入金錢上的糾紛、無法拒絕別人……172
症狀別⑦ 成人亞斯伯格症的改善方法 容易惹怒別人……174
症狀別⑧ 成人亞斯伯格症的改善方法 不知道該如何與異性相處交往……176
症狀別⑨ 成人亞斯伯格症的改善方法 無法與孩子的老師或媽媽朋友融洽相處……178

在旁守護，和孩子一起成長

contents

目次

成人的ADHD特徵……180

症狀別① 成人ADHD的改善方法 隨著心之所向立即採取行動卻常遭受挫折……182

症狀別② 成人ADHD的改善方法 心浮氣躁靜不下來、無法忍受無聊……184

症狀別③ 成人ADHD的改善方法 總是在找東找西、脫下來的衣物亂丟、物品隨手亂放……186

症狀別④ 成人ADHD的改善方法 明知道對身體不好，卻還是無法戒除菸酒……188

症狀別⑤ 成人ADHD的改善方法 無法按部就班地做家事……190

症狀別⑥ 成人ADHD的改善方法 無法好好收拾物品……192

症狀別⑦ 成人ADHD的改善方法 很容易忘東忘西……194

症狀別⑧ 成人ADHD的改善方法 無法妥善處理文書事務或與學校方面聯繫……196

症狀別⑨ 成人ADHD的改善方法 無法建立起良好的親子關係、夫妻關係……198

〔附錄1〕衛生福利部國民健康署補助地方政府設置之兒童發展聯合評估中心……200

〔附錄2〕相關資源網站……202

審定者序

透過更多的正向循環，讓世界更美好！

黃雅芬

黃雅芬兒童心智診所所長

我很榮幸再次受邀審定司馬理英子醫師的著作中譯本（前一本為《孩子的專心溜走了！》，跨境文化出版）。

本書涵蓋兒童精神、身心、心智科團隊日常工作中最常見的兩大狀況：「注意力不足／過動症（Attention-Deficit/Hyperactivity Disorder，ADHD）」與「自閉症類群障礙症（Autism Spectrum Disorder，ASD）」。（註：在二〇一三年所發表的最新版DSM-5診斷準則，已將原本被歸類於廣泛性發展疾患（PDD），包括自閉症與亞斯伯格症等，合併成一個全新的診斷名。）作者同時提供讀者兩種不同的閱讀形式，除了清楚易懂的純文字內容，還有生動可愛的圖文頁面，後者尤其可提供焦急尋求對策的師長們一個有效掌握重點的管道。

難能可貴的是，本書也關注ADHD與ASD的成人及青少年族群，甚至考量到這兩種腦部狀況的高遺傳性，有些父母／教養者本身也具有類似的特質，也很需要專業人員的關注與支持。

本書向大眾傳達一個重要概念：ADHD與ASD為「神經發展障礙（neurodevelopmental disorder）」，這是目前全球精神醫學專家們的共識。**目前ADHD已有能夠「對症」的數種藥物，ASD則缺乏有效改善核心症狀的藥物，但兩者皆能透過（不同取向的）心理治療／行為訓練獲得部分程度的改善。**除了個案與家庭本身的努力，外界對於他們的接納與支持同時扮演著十分重要的角色。

本書十分適合親師們用來充實教養與輔導技巧，臨床工作者則可藉此精進專業，一般民眾也能由此拓展人文素養。期待能有更多人們一起守護這群比較特別的人們，透過更多的正向循環，讓世界更美好。

推薦序1

給這群辛苦長大的孩子一個溫柔的擁抱

翁菁菁　台北市立聯合醫院中興院區兒童發展評估療育中心主治醫師

隨著現代家庭的少子化趨勢，父母除了注重孩子的身體健康、學習成就之外，也逐漸從小就注意孩子的各項發展與個性氣質，希望可以適性發展，引導孩子未來可以走向適合自己的道路。因此，兒童心智科醫師在兒童發展評估門診中對於嬰幼兒期的孩子的觀察是非常重要的，要留意常見的發展遲緩或情緒行為問題是否為神經發展障礙的前兆。

因為常見的神經發展障礙如注意力缺失過動症、自閉症、亞斯伯格症、學習障礙等診斷，都是在六歲之前就出現端倪，並不是一般大眾認為「沒關係啦！長大就會好！」，如此簡單就能一語帶過。而神經發展障礙的臨床症狀與診斷治療並非如一般疾病，做做抽血儀器檢查就可以確診；治療也並非服用藥物就會痊癒。

神經發展障礙的臨床症狀往往會隨著環境、時間、年齡的不同而有所變化，這也是常讓父母困惑：「為何A醫師說我的孩子是過動，B醫師卻說不是。」、「我的孩子只是活動量大、坐不住，醫師為何說我的孩子是亞斯伯格症？」其實神經發展障礙各項診斷的臨床症狀有許多是很相似的，而以就診的主要問題，最大部分都是注意力不集中、好動、衝動。但是這些孩子一定都是注意力缺失過動症（ＡＤＨＤ）嗎？其實不然，需要詳細的問診及收集家長、老師的觀察報告，後續追蹤及評估，才能確定診斷。而作者司馬理英子女士撰寫的這本書，就給予家長與臨床工作者很好的參考指標，所以我樂於推薦本書給大家。

注意力不集中只是行為觀察的陳述，背後的原因很多，包含動機與生理性的問題。神經發展障礙是先天性的腦部發展異常，只是隨著環境、年齡不同，表現出的狀況不一，其實症狀是持續到成人的，只是外在行為表現是輕微或嚴重而已。

了解孩子有先天性的神經發展障礙，最重要的是如何提升其優勢能力，減少不適切的行為，促進社會適應能力，使其先天障礙造成的功能受損降至最低。家長在了解到自己的孩子有神經發展障礙時，就要有心理準備這是一場長期抗戰，調適自己對孩子的期待，了解哪些特質是無法改變，哪些行為是可以改變的，用寬容的心去和孩子相處，一起去學習接受新的事物，並接受不同的挑戰，而不是一味的要求孩子要按照大人的方式做改變，或是要其他的老師、同學都要配合孩子的喜好需求。因此無論是身為父母、家長或者已是神經發展障礙的成年人，了解自己的問題是很重要的。

本書以圖解的方式說明常見的症狀、治療方法之外，也提供許多自我學習的社交技巧，讓我們可以在日常生活中實際運用，實在是不可多得的工具書。希望藉著閱讀本書，讓迷惘的家庭與個案，掌握未來的方向，給這群辛苦長大的孩子一個溫柔的擁抱，讓他們可以平安的長大。

推薦序2

父母是孩子最強的後盾，陪伴孩子一起努力

陳玉蘭
台北榮總復健部暨早療中心兒童職能治療組長

依據美國精神醫學會（American Psychiatric Association）二〇一三年所出版的「精神疾病診斷與統計手冊第五版」（Diagnostic and Statistical Manual of Mental Disorder 5th edition, DSM－5）的診斷標準，神經發展障礙（Developmental Disorder）包括智能不足（Intellectual Disabilities，ID）、自閉症類群障礙症（Autistic Spectrum Disorder，ASD）、注意力不足／過動症（Attention-Deficit／Hyperactivity Disorder，ADHD）及學習障礙（Learning Disorder，LD），動作障礙症（Motor Disorder）等。這些疾病的診斷雖不同，但具有相當高的共病性（Comorbidity）。依據近幾年國內外的文獻，自閉症在共病現象中發生率最高的為注意力缺陷過動症問題，其次為智能不足、發展遲緩、癲癇及聽力問題，這現象也同時反應在臨床治療上。我們除了必須處理孩子的自閉症狀，也須同時小心共病注意力問題會影響孩子的上課專心度，共病學習障礙則會讓孩子在學校學習上遭遇相當大的困難，進一步引發嚴重的挫折感，影響人際互動，造成自尊及自信低落，甚至是拒絕學習等問題。

我還深深的記得，有一位我從國小看到國中的孩子，他因為有亞斯症狀，和同學關係不佳，常被霸凌；因為有注意力不足症狀，上課無法專心，做事忘東忘西，常常被爸媽及老師罵；因為有學習障礙，無法寫出正確的國字，生字總是學了就忘，考試也看不懂題目問什麼。他很生氣、很沮喪的說：「為什麼我付出比別人多出十倍、二十倍的努力，每天沒有時間休息，成績卻只有別人的一半。」我只能拍拍他，鼓勵他說，你這麼努力，有了別人的一半，剩下的一半，就靠我們治療師跟妳媽媽的努力了。

父母永遠是孩子最好的後盾，一但我們失去對孩子的信心，孩子也會放棄了自己，和孩子一起努力，用勇氣嘗試和解決問題。

本書是新手父母所出版的一系列教養書籍中的其中一本，內容完全針對育有神經發展障礙孩子的父母所設計，配合超級可愛的插畫，用圖解把深奧難懂的診斷標準圖示化，用生動有趣的連環漫畫把孩子的臨床表現及家長老師該如何應對表達的淋漓盡致，令人易於理解又印象深刻。與其他介紹神經發展障礙相關書籍最大的不同是，本書把神經發展障礙孩子從幼兒期、學齡期及青春期所會面臨的問題，都詳盡的描述及說明應對的方法，更特立出一個章節描述成人版的過動及亞斯。

過動及亞斯成年後，雖然大部分的症狀已較童年時減輕，也已經過學習而較社會化，但疾病的殘餘症狀仍會使交朋友、談戀愛、結婚、出社會找工作、和同事相處、和老闆相處，甚至是和自己孩子的親子關係出現困難。**本書同樣也提出相當實用的建議，讓成年亞斯及過動，知道將會面臨的可能問題及如何自我調適。**

此外，針對不同年齡階段會出現的神經發展障礙徵兆也有詳細的描述，讓新手父母提高警覺性，知道如何去觀察孩子是否有神經發展障礙的問題。若覺得有疑慮時，書末也提供了全台灣的醫療機構資訊與相關的網路資源連結，相當的實用，讓焦慮的爸媽知道帶孩子去哪裡作檢查，去哪些網站找正確的資訊。

泰戈爾詩集中有句話是：「世界上使社會變得偉大的人，正是那些有勇氣在生活中嘗試和解決人生新問題的人！」願以此句和所有神經發展障礙的孩子及其家人，共勉之。

亞斯伯格症
5 歲的小麻衣面臨的狀況

CASE 1 無法好好說出自己想要說的話

嬰兒時期
小麻衣真是乖寶寶呢！
就算尿布濕了、肚子餓了也不哭不鬧
2 歲
即使自己 1 個人也可以好好玩耍，不用費心照料她，真是幫上了大忙
小熊先生睡覺覺——
3 歲
旁觀——
我們一起玩吧
借我妳的桶子
好
幼稚園入學
媽媽中午就會來接妳了
要跟朋友好好相處唷
…
嗚哇～
嗚哇～
嗚哇～
4 歲
○△百貨公司
SALE
不要——
好可怕——
我要回家——
遊樂園
熊熊先生是跟妳說「午安」而已呀!?
不要——
小麻衣似乎很膽小呢！
樓梯
好可怕

5歲
來玩扮家家酒吧
我要當公主！小麻衣就當馬吧！
……
小麻衣想要吃哪一塊蛋糕？
……
那我要吃草莓蛋糕喔！
哎呀！小麻衣最喜歡草莓蛋糕了說……
小麻衣是不是有點人太好了呀？
好久好久以前，有一對香蕉爸爸和香蕉媽媽……
小麻衣最喜歡這本書了呢
小麻衣每天晚上都看這本書不會膩嗎？
有一天…
借我這本繪本！
好呀～
哎呀，真的沒關係嗎？
掰掰～
嗚哇～她把我的書拿走了啦!!
嗚嗚～
小麻衣該不會從以前到現在都無法說出自己想要說的話吧……

亞斯伯格症
小學 2 年級的小亮
面臨的狀況

CASE 2 對自己不感興趣的事完全無法付出關心

有沒有人知道這題的答案？
我！我！我！
來，小亮回答
那個～那個～就是～
就是啊，昨天我家鄰居木村先生拿給我看高砂深山鍬形蟲的雄蟲耶！不過我還是……
咦？
他在說什麼？
現在是掃除時間喔
輪到小亮打掃了！
你每次都偷懶太狡猾了！
小亮，把國語課本拿出來！
畫畫時間早就結束了！
小亮！你到底要老師說幾遍！
不要再畫了！
……
我不畫就行了吧！反正我就是壞小孩！
唰唰！！

亞斯伯格症
國中1年級的阿和面臨的狀況

CASE 3 過於一板一眼無法通融，無法與朋友融洽相處

我喜歡電腦社跟大家講起話來比較投機
這個瀏覽器用起來啊……
所以只要這樣就可以了
阿和好厲害喔！
電腦社
本月的主題……
阿和對電腦好了解喔～
請你還給我！
借我橡皮擦！
你這個人好奇怪喔！同學之間講話幹嘛這麼拘謹啊？
請你把我的橡皮擦還給我！
拿不到 拿不到
你想要我還給你的話，就講幾個笑話來聽聽吧！
快還給我！……
啪擦！
哇～
哇
阿和 你在做什麼！！
不可以使用暴力啊！
阿明明就是○△先……
不要找藉口了！快點向○△道歉！
又不是我的錯！
阿和！
哼
沒有人願意聽我說話
我是絕對不可能做壞事的！
一定要道歉才行啊
你不要這麼說嘛
我再也不要去學校了！

ADHD
小學 4 年級的太郎面臨的狀況

CASE 4
上課時無法乖乖坐好，也沒辦法集中精神

你作業寫完了嗎？趕快把作業寫完！
嗯～～～！
我寫完了！
未免太快了吧
你又這樣隨便亂寫一通！
這邊漏掉了啊！
要記得準備明天的東西唷
好～
收拾好了！
時間表
明天要上體育課喔要記得帶體育服去學校！
嗯！
你的鬧鐘已經響好幾次了！還不趕快起床！
你又要遲到了！
昏沉～
好～
好想睡～～
嗚哇嗚哇
帽子～
不要胡鬧了，趕快把衣服換好！
我出門去上學了～
別忘了帶體育服呀！
我知道啦！
啊～他又忘了！
果然！
真是受不了他！
體育服
太郎！你忘記帶體育服了啦～！
每天都忘東忘西～！
哎呀、糟了！
體育服

ADHD
高中1年級的亞希
面臨的狀況

CASE 5

不擅長收拾整理，時常忘東忘西

準備考高中時
要來專心唸書了！
啊，外面好像下雨了
啊，待會要看那部連續劇
東看看西看看
啊，找不到參考書
數學…還是先來唸英文好了
好討厭
我昨天買的新錢包放到哪裡去了？
這麼說起來…
來打電話給○○好了
高中入學
完蛋了！我忘記帶鉛筆盒了！
哎呀，國語的筆記本沒帶來！
忘記帶體育服了！
咦？課本也沒帶！
對了！我忘記買筆記本了！
妳又忘記帶作業了嗎？
考卷交太慢了！
好好收拾妳的桌子！
我回家了~
啪答

就快要期末考了吧！你也稍微唸點書吧？
等我看完這個
SNS中
妳到底要玩到什麼時候？
就快結束了啦！
妳給我注意一點！
煩死了啦～我不是說我看完這個就會唸書了嗎！
呼～要來認真唸書了
首先要先整理好書桌才能開始唸書
明天再說好了
真是太麻煩了
明天整理好之後再開始唸書好了
做不到的惡性循環
到了考試當天
唉唉、考不好
好沮喪～
明明可以做得到的呀！
即便如此……
SMTWTFS
明明就是女孩子，怎麼會這麼邋遢呢……

亞斯伯格症與 ADHD 有相似之處嗎？

雖然亞斯伯格症與 ADHD 乍看之下有些相似之處，也有一些是兩者都具有的特徵，不過，從孩子還小的時候就可以觀察出一些差異。

	ADHD	亞斯伯格症
過動	有可能會發生 不分場合，隨時都很好動	有可能會發生 當不了解現場的狀況或規則時，可能會出現過動情形
不專心	會出現此問題 注意力容易分散，專注在單項事物上的時間很短暫	在某些時候會發生 對喜歡的事物會非常專注，但若是不感興趣的事物就無法集中精神
衝動	有可能會發生 無法靜下心來等待	有可能會發生 無法靜下心來等待，也無法掌握推測周遭的狀況，會因為臨時想到而突然採取行動
語言	沒有遲緩情形 雖然可能會比較聒噪，很快與旁人開啟以自我為中心的話題，但就交談上的流暢度而言並不會不自然	不會發生明顯的遲緩 會使用困難的詞彙，也會講出像是大人般的早熟發言。不會配合對方言談，而是自顧自地講自己要說的話。可以完全掌握字義表達自己的意思，但無法理解比喻或幽默的發言
人際關係	幾乎沒有問題 儘管在行動上很容易招致周圍的反感而產生人際關係上的衝突，但基本上可以理解人際關係，與同年齡的小孩可以建立起恰當的互動關係	會出現此問題 以奇怪、自顧自的、冗長且粗神經的方式與他人互動。也有些人無法好好傳達自己的心情，只一味按照別人說的話來行動，看起來好像個性非常隨和好相處
自我堅持	沒有 不會對事物產生極端的執著或堅持	有 感興趣的範圍很小、卻會深入鑽研。會花費龐大的時間來蒐集自己感興趣事物的資訊及細節
感覺	沒有問題 不會產生極端敏感、或極端遲鈍的感受	有可能會發生 在聽覺、視覺、觸覺方面會展現出極端敏感或極端遲鈍的表現
其他		經常表現出笨手笨腳（發展性協調障礙）的模樣

第1章

必須先掌握的神經發展障礙基本知識

感覺自己在教養過程中似乎不太順利

為什麼我們家的孩子帶起來會這麼費心呢？相信有不少母親都為此感到煩惱。若是在帶孩子時感覺到特別難帶，說不定就是潛藏著ADHD或亞斯伯格症的徵兆。一起來看看你家的孩子是否有符合下列的症況吧！

孩子的注意力渙散、無法靜下心來

尤其是容易忘東忘西，像是課本、鉛筆盒、體育服等物品，幾乎每天都一定會丟三落四。就算媽媽在前一天晚上交代了多少遍，總是左耳進右耳出。不僅如此，還會接二連三地弄丟東西，成天都在說哪些東西不見了。就算一邊責備孩子、一邊與孩子一同尋找弄丟的物品，孩子卻時常在途中就被其他事物吸引注意力，而又忘了自己正在尋找物品。

在學校裡也總是靜不下來，明明就在上課中，手腳卻不聽使喚地動來動去、有時甚至會自行離開座位到處閒晃，總是惹同學與老師大發雷霆。作為母親看到孩子這樣，也總是難掩焦躁的情緒、處於隨時都快要火山爆發的狀態。雖然這樣的孩子並不在少數，但若平時的行為表現超過一定的程度，就很有可能是ADHD的徵兆。

無法與朋友融洽相處、總是與大家鬧得不歡而散

「等我一下喔！」

看似再尋常也不過的這麼一句話，孩子聽見了卻反問：「一下是多久？1分鐘？還是2分鐘？」

「沒有啦，就是一下子而已。」

「到底是幾分鐘？要5分鐘嗎？」

動不動就被這麼緊迫追問的母親，不禁感到心煩氣躁，根本無法與孩子進行一般的對話。不能接受玩笑話、只能接受言語表面意義的孩子，常會被他人的言談惹怒，而這樣的孩子在平時也無法推測出旁人的情緒，屢屢惹大家生氣，因為他們無法掌握環境中的氛圍、進而配合周遭做出合理的應對進退。由於孩子總是呈現這樣的狀態，會讓周遭的孩子覺得跟他相處起來很麻煩、而被討厭。此外，若是孩子遇到某些事情會表現出特別強烈的執念，或是平時習慣的順序稍微被打亂，便會讓情緒陷入恐慌狀態。要是孩子表現出上述的這些徵兆，就很有可能是亞斯伯格症。

所謂的 ADHD 是這種形式的神經發展障礙

● ADHD 的孩子常會表現出這些症狀

- ☐ 無法排隊等待
- ☐ 會因為一時的衝動而採取行動
- ☐ 無法靜下心來，經常心浮氣躁

- ☐ 注意力容易渙散、無法集中精神
- ☐ 常會忘東忘西
- ☐ 經常弄丟東西
- ☐ 常會因粗心而出錯

- ☐ 就算在上課中也會突然站起來到處閒晃
- ☐ 一旦開口說話就停不下來
- ☐ 經常不想寫作業

●亞斯伯格症的孩子常會表現出這些症狀

- ☐ 容易與其他孩子發生衝突
- ☐ 不擅長與他人互動接觸
- ☐ 不能接受玩笑話

- ☐ 打不進朋友圈裡
- ☐ 缺乏臉部表情
- ☐ 常會以彷彿小大人般的方式講話、或採取過於拘謹的說話方式
- ☐ 不擅長察言觀色，無法推測旁人的情緒或當下的氛圍

- ☐ 對於喜歡的事物會埋頭研究、深入了解
- ☐ 很有自己的堅持，要是沒有照著自己決定的順序進行會無法妥協
- ☐ 像是對於聲音特別敏感等，在感覺方面特別敏感

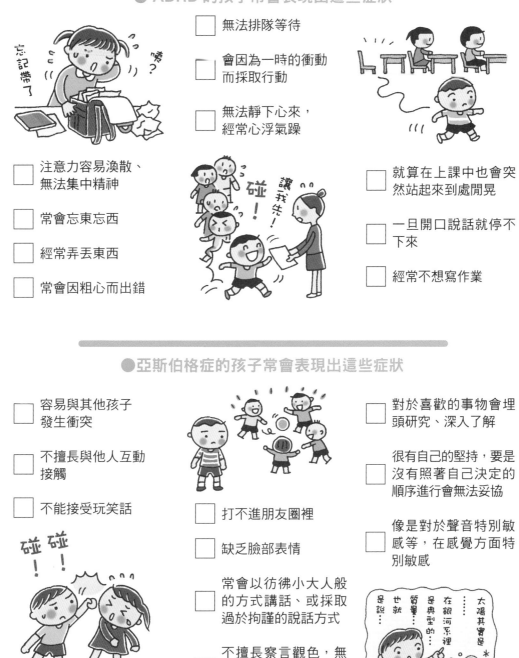

察覺孩子與眾不同的時間點會因障礙類型而異

一般來說，做父母的開始察覺到自己孩子似乎與其他孩子不太一樣的時間點，亞斯伯格症大約是4～5歲，而ADHD則大概從6歲開始。

有些孩子在嬰兒時期並不會出現異狀

一般的嬰兒會在肚子餓或尿布濕的時候，以哭泣的方式讓爸媽了解自己的需求；不過，自閉症的嬰兒卻幾乎不會以哭泣的方式來表達。總是乖乖地自己待在床上，或許會讓母親感覺到自己的孩子特別好帶也說不定。

反之，患有亞斯伯格症或ADHD的嬰兒則會讓父母感到特別棘手，一天24小時都不斷嚎啕大哭，讓母親感到煩惱極了。睡覺時也睡不安穩，好不容易以為已經哄寶寶睡著了，寶寶卻又立刻張開眼睛開始哭泣尖叫，也不肯乖乖喝奶，讓母親感到筋疲力盡。

不過，這些特徵在一般健康的孩子身上也會發生。並不能藉由孩子太聽話、或一直嚎啕大哭，而立即判定孩子是否有神經發展障礙的問題。

大概到了2～3歲就會慢慢察覺出異狀

以自閉症的案例來說，大概到了2歲左右，父母就可以開始察覺到自己的孩子似乎與別人不太一樣。就算叫他的名字也不會回頭，即使可以發出一些無意義的聲音，卻遲遲不會叫「媽媽」，在語言表達上會出現明顯的遲緩，也常會做出讓人大吃一驚的舉動。喜歡自己一個人玩耍、特別對某一個玩具表現出異常的執著等，這些都是具有象徵性的症狀。

不過，就算出現了上述特徵，也可能只是孩子自己獨特的個性或是只有言語方面比較遲緩而已。要等到孩子3～4歲左右，才能做出明確的診斷。

若是亞斯伯格症的孩子，到了3歲兒童健康檢查時也有可能還無法確診；而若是ADHD的孩子還要到更晚，通常是進入小學之後才會被察覺。

幾乎大部分的孩子都是要到了進入小學、必須過團體生活後，將會付出比旁人更多的努力來適應環境，而讓問題浮上檯面。

不同年齡階段會出現的神經發展障礙徵兆

0～1歲

●自閉症・亞斯伯格症

＊「無須多費心思照顧的嬰兒」或「需要特別勞心費神照顧的嬰兒」
＊不會哭泣
＊讓他一個人待在房間裡睡覺也沒關係
＊逗他笑也不會笑
＊不容易與人對上眼神
＊過動
＊不黏人
＊不怕生、或是特別怕生

1歲

1歲半

●自閉症

＊不會指東指西
＊就算難過也不會尋求安慰
＊不會對人撒嬌

●亞斯伯格症

＊正擔心孩子是否言語發展比較遲緩時，孩子會突然開始說話，而且一旦開始講話就接近喋喋不休的程度

2歲

2～3歲左右

●自閉症

＊無法說出單字
＊就算叫他的名字也不會回頭
＊無法與他人眼神接觸
＊就算讓他自己獨處也不會哭泣
＊比起跟別人一起玩、更喜歡自己一個人玩
＊特別執著於一個玩具等物品
＊不睡覺
＊偏食情況嚴重

●亞斯伯格症

＊即使是不認識的人也可以聊天
＊就算迷路了也不擔心

3歲

3～4歲左右

●亞斯伯格症

＊玩的遊戲有限
＊無法與其他小朋友融洽相處，時常吵架
＊無法適應團體生活
＊會用敬語說話、或是使用一般小孩不會的困難詞彙

3～4歲左右

●自閉症

＊使用的字彙沒有增加，無法與人進行完整對話
＊無法與他人進行情感上的交流
＊對於各種物品或使用上的順序展現出過分的執著態度
＊一旦發怒便很難平復心情

4歲

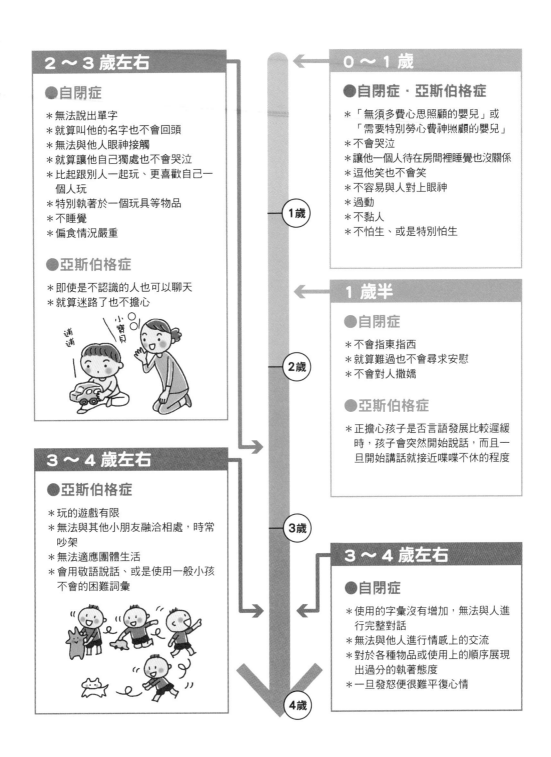

神經發展障礙是自閉症、ADHD與LD等的總稱

雖然我們習慣以神經發展障礙症來作為統稱，不過其實每一種神經發展障礙的特性都略有不同。只要針對不同的障礙輔以適當的協助，就可以幫助孩子擁有無限的可能性。

神經發展障礙可能會出現多項合併的情形

所謂的神經發展障礙症是「ASD」（自閉症類群障礙症）、「ADHD」（注意力不足過動症）、「LD」（學習障礙）等的總稱。

依照美國精神醫學會制定的「精神疾病診斷與統計手冊第四版（DSM－IV－TR）」，將自閉症與亞斯伯格症分類為廣泛性發展障礙症（Pervasive Developmental Disorder，PDD）。

所謂的自閉症，指的是孩子在「社會性」、「溝通」、「興趣、活動」等方面表現出程度不一的障礙。其中，若智能方面的發展並沒有遲緩現象的話，則被稱作是亞斯伯格症或高功能廣泛性發展障礙。因此就算是在社會性方面有所缺陷、智能表現卻很優異的孩子也大有人在。

（編註：在二〇一三年所發表的最新版DSM－5診斷準則，將原本被歸類於廣泛性發展疾患（PDD）的亞型，包括自閉症與亞斯伯格症，合併成一個新的診斷名「自閉症類群障礙症（autism spectrum disorder，ASD）」。）

此外，患有ADHD與LD的孩子，儘管在各方面智能都有達到標準，但是卻會因為注意力不足、過動、衝動（ADHD）、閱讀或計算、推論、運動等，在特定的學習層面上表現出明顯的落後（LD）。在小學低年級時程度落後一般學生1學年、高年級則落後2學年以上就屬於LD。由於這些神經發展障礙可能會有併發的情形，一定要多加留意孩子的情況，在身邊守護著孩子。

早期發現、給予適當協助就是引導孩子能力的關鍵

神經發展障礙的特徵是孩子在某些能力上表現會非常優異、而某些能力則會表現出缺陷，而且沒有根治的方法。不過，就目前的研究得知，只要早期發現孩子的神經發展障礙、並給予適當協助，就能幫助孩子發揮更多能力，讓孩子更能適應社會生活。

由於現在的環境跟以往相比已經有了大幅度的改變，請大家一定要抱著希望，好好守護、接納孩子。

主要的神經發展障礙

●亞斯伯格症與高功能自閉症

雖然在語言．認知能力方面並沒有顯著的遲緩情形，但是在社交性與溝通、社會方面的想像力卻會表現出自閉的症狀。

社交性的障礙
無法與朋友融洽相處、容易與朋友產生衝突……等

溝通的障礙
自顧自地說出沒頭沒腦的發言、表現出小大人般的說話方式、認真看待玩笑話、缺乏臉部表情……等

社會方面的想像力障礙
無法理解他人的感受、不能想像自己未曾經驗的事、擁有強烈的個人堅持……等

● ADHD（注意力不足／過動症狀）

表現出注意力不足、過動、衝動

注意力不足
常會因粗心而出錯、總是在找東西、不擅長整理物品、注意力容易渙散、無法持續專注……等

過動
無法一直待著不動、沒有辦法靜下心來、無論是上課或用餐時都會突然離席、手腳總是浮躁亂動、坐在椅子上時身體會亂動、無法靜下心來……等

衝動
無法排隊等候、急性子、聒噪多話、對別人多管閒事……等

● LD（學習障礙）

在朗誦、閱讀、計算、推論、運動等特定方面的學習會需要花費非常多時間

朗誦方面的障礙
無法發音單字、唸錯發音、雖然會唸，卻不了解單字本身的意義……等

閱讀方面的障礙
無法寫出單字、混淆成其它單字、只會寫簡單的文章……等

計算方面的障礙
無法理解數字的位數、無法理解超過十進位的加減計算、不能心算、就算背熟了九九乘法表也無法用於實際計算……等

推論方面的障礙
不擅長數學的應用題與證明題、不擅長閱讀長文、不擅長推測沒有直接顯示出來的事物……等

運動方面的障礙
不擅長做必須連動全身的運動、不擅長團體競賽項目、動作比較緩慢……等

亞斯伯格症孩子的特徵

據說亞斯伯格症的孩子，會依照自己獨特的角度來看待這個世界。雖然孩子經常會做出以一般常識看來無法理解的行為，但不妨試著以孩子的角度來看待這個世界，就會比較了解該如何和亞斯伯格的孩子相處了。

在孩子還小時，不易察覺出障礙

亞斯伯格症是一種廣泛性神經發展障礙症（編註：最新的DSM-5已將其納入「自閉症類群障礙症」之中，不再使用原來的診斷名），具有人際關係方面的障礙、溝通方面的障礙與欠缺社會想像力的障礙等3種特徵。

像是自閉症的孩子由於會出現言語方面的遲緩，到了2~3歲左右，便可以依據言語發展的遲緩來察覺到孩子可能患有自閉症，而且將近半數的孩子也會同時出現智能方面的遲緩。

但是，亞斯伯格症的孩子雖然也可能會出現言語發展方面的遲緩，但也有些孩子的言語發展還在標準範圍內、甚至可能還比同齡的孩子更發達。儘管有些孩子到了1歲半還不會說話，而令父母擔心不已，但只要一旦開始說話，語言量就會突然暴增，甚至還會喋喋不休到略顯聒噪的程度。在孩子還小的時候，除了社會性方面，其實發展方面的遲緩並不明顯。

因此，很難令父母察覺到自己的孩子有神經發展障礙。

無法以直覺來判斷他人的心情與想法

自閉症的孩子非常缺乏對他人的關心，相較之下，有些患有亞斯伯格症的孩子會非常積極地想要與他人互動，不過，卻會因為無法與別人建立良好的溝通，而不容易交到朋友、常與同學起衝突、或是可能遭到霸凌等情形。

一般來說，這是因為亞斯伯格症的孩子以直覺判斷他人心情與想法的能力發展較遲緩的緣故。一般的孩子就算不必深入思考，也能以直覺推測出在這種情況下對方會有什麼想法、自己說了什麼話會讓對方產生何種感受等等。

上述的這種能力被稱之為「心智理論（Theory of Mind）」，由於亞斯伯格症的孩子缺乏這種能力，因此不容易與他人建立良好的溝通。

亞斯伯格症會出現下列特徵

1
以獨特的方式與他人相處

2
不擅長言語上或言語以外的溝通

3
欠缺社會方面的想像力

- ●很難理解對方的心情
- ●不會察言觀色
- ●擁有自我獨特堅持

＊缺乏對他人的關心，不擅長與人相處

＊不能完全理解別人的言語（脈絡或細微的含意）

＊不擅長理解別人的心情與立場、或是整個場合的狀況

＊很難依照周遭環境的變化，來預測別人的行動

＊喜歡已經決定好的方式與行動

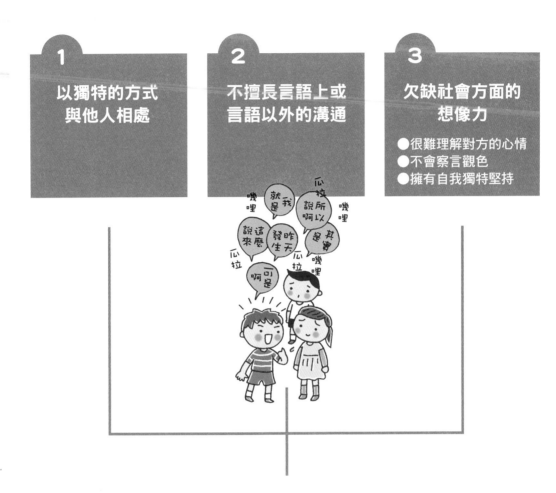

A ADHD孩子的特徵

ADHD孩子跟同年齡的孩子相比，對自我的控制力較低。一旦發現目標就會立即行動、卻難以持續付出努力，要比別人花更多的時間才能成為成熟的大人。

大腦的執行功能無法好好運作

患有ADHD的孩子通常會具有注意力不足、過動、衝動這3項特徵，在全部的孩子裡約有5%會出現ADHD症狀，尤其是在男孩身上比較常見，約為女孩的4～5倍。

其實，每個孩子或多或少都會出現符合ADHD特徵的行為，不過，ADHD孩子的程度會更明顯強烈，而且對於學校生活與家庭生活都會產生干擾。

一般的孩子在成長過程中，會慢慢學習到符合年齡的規範與禮儀。在上幼稚園時，為了要與其他同學好好相處、一起玩遊戲，可以逐漸做到謙讓、忍耐、等待輪到自己的順序等，而到了小學，便可以乖乖坐在自己的位置，依照老師的指示來學習課業。

可是，ADHD的孩子大腦中的執行功能卻無法好好運作，而且也無法忍受將玩樂的順序往後延，因此，ADHD孩子無法採取符合當下環境的行動、或是朝向目標訂立計劃後，逐步實行。

由於ADHD孩子無法恰當地掌控自己的感情與衝動，即使已經上了小學，在上課中還是無法靜下心來，身體也會隨意亂動，臨時想到什麼就會直接採取行動。

無法為了先苦後甘而在當下忍耐

ADHD的孩子可說是標準的「活在當下」，他們追求的是當下的快樂與眼前的滿足。像是「雖然很不想做這件事，不過只要現在做了之後就會比較輕鬆，那就努力看看吧！」的這類想法，對於ADHD的孩子來說並不存在；而這被稱之為腦中的「犒賞（reward）系統障礙」。也因此，ADHD的孩子會有將該做的事不斷往後延的傾向，覺得麻煩的事就不管三七二十一地之後再說，結果久而久之自然就忘了。唯有在他們感到有興趣的時候，才會展現出做事的幹勁。

所謂的 ADHD 是這種形式的神經發展障礙

過動

衝動　　**注意力不足**

執行功能障礙

＊容易忘記規則或規範
＊無法靈活運用過去的經驗
＊不會考量到未來（將來）而擬定計畫
＊記不得自己該做的事
＊在活動中無法維持必須的記憶（工作記憶（Working Memory）不足）
＊無法朝向目標訂立計劃後逐步實行
＊難以控制自己的活動與衝動

犒賞系統障礙

＊難以為了有目的的行動而形成動機
＊只要不是自己覺得好玩、有趣的事情，便無法形成動機

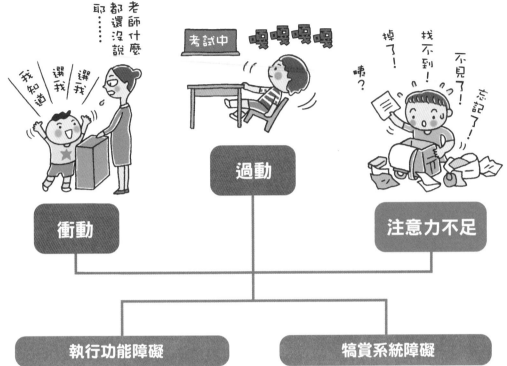

LD孩子的特徵

每個人都會有自己擅長與不擅長的事，像是有些人很擅長書寫文章、卻對於計算感到苦惱。不過，對於LD的孩子來說，不擅長的程度已經遠遠超越一般人的標準，唯有某一項事物是極端地無法做到。

顯著缺乏某一種特定的能力

所謂LD指的是學習障礙，屬於神經發展障礙症（編註：DSM－5最新診斷名：特定的學習障礙症，Specific Learning Disorder）的一種。

雖然LD的孩子在整體的智能上並沒有顯著遲緩的情形，但是在「聆聽」、「說話」、「閱讀」、「書寫」、「計算」與「推論」這6種能力中，卻會在某一種特定的領域，在習得與使用上表現出顯著的困難。舉例來說，在閱讀方面有困難的孩子，可能會一個字一個字閱讀、或是必須用手指指著每一個字來閱讀文章；也有些孩子會讀錯、看錯行、在閱讀時隨意改變結尾等。

這樣一來，當然無法理解文章中的含意、也不能了解文中人物的情緒。

LD孩子在閱讀方面的困難，除了在國語之外、在其他科目也會產生問題。不管是任何人，只要讀了文章就可以理解的事，LD的孩子卻無法做到。

明明不是本人的錯，卻容易被誤解為努力不夠

LD的表現方式因人而異。

LD孩子在幼兒時期幾乎不會發生問題行為。大部分都是在上了小學之後，才會開始察覺到孩子有LD的傾向。

一般認為LD是由於大腦中的認知機能有部分遲緩或偏差所引起，並不是因為孩子本人努力不夠所造成。但是由於LD孩子在其他領域並沒有任何障礙，因此很容易遭受誤解。

只不過，就算讓孩子反覆練習多少遍，還是幾乎不會有所改善，重點並不在於練習的次數，而是必須要以孩子容易理解的教學方法與替代的學習方式，讓孩子克服原本的學習障礙。

若是一味強迫孩子努力學習、在孩子犯錯時嚴厲斥責，很有可能會在孩子的心中留下難以抹滅的傷痕。

此外，LD孩子有可能會併發ADHD或亞斯伯格症等其他的神經發展障礙，要辨別區分也變得相當困難。

LD（學習障礙）是這種形式的神經發展障礙

在這 6 種能力中會有某一項顯著地落後

聆聽

- 經常漏聽或聽錯
- 無法理解複雜的對話
- 容易忘記指示、會重複詢問許多次
- 無法專注聆聽較長的言談
- 無法複誦他人的言語

說話

- 無法依照順序說話
- 說不出恰當的字彙
- 說話顛三倒四、無法做出結論
- 很難聽懂他在說什麼
- 以單字來說話

閱讀

- 閱讀得很緩慢
- 只能一個字一個字慢慢閱讀
- 會看錯行
- 無法看出文章的重點
- 閱讀時會跳過文字或單字

書寫

- 寫出來的字非常難懂
- 容易漏寫筆劃或注音聲調
- 不擅長書寫作文或日記等比較長的文章
- 會寫出左右或上下顛倒的字
- 經常出現文法錯誤

計算

- 無法理解超過十進位的加減計算
- 容易出現粗心的錯誤
- 即使是容易的加法或減法，也要用手指來算
- 無法理解數字的概念

推論

- 不擅長做數學的應用題
- 不擅長做數學的證明題與圖形題
- 無法理解與說明因果關係
- 難以理解時鐘或單位

為什麼會產生神經發展障礙呢？

雖然截至目前為止，神經發展障礙的產生原因尚未完全明朗，不過已經得知是由於大腦機能發生異常所引起。不過，大腦究竟為什麼會發生異常現象，到現在還是有許多未解之謎等待我們進一步探詢。

並非因家庭環境或教養方式而引起

以往大家並不了解神經發展障礙的形成原因，只會將問題歸因於父母不夠關心子女等家庭環境的因素，也因此，家中有神經發展障礙孩子的父母，多會責怪自己的教養方式不當、而飽受折磨。

不過，依據近年來的研究顯示，造成孩子神經發展障礙的原因其實是在於大腦機能異常所引起，並非因為教養方式、家庭環境或孩子本身的個性不佳所導致。

而大腦機能產生異常的原因有許多種說法，有可能是遺傳因素、母親懷胎時的感染、生產時發生意外、環境荷爾蒙影響等，但至今確切的原因尚未完全明朗。

神經發展障礙的成因是大腦的機能異常

據說神經發展障礙與大腦前額葉、間腦、小腦、海馬迴、杏仁核等機能低落有密切關聯。舉例來說，一般認為ＡＤＨＤ孩子是由於大腦前額葉皮質的功能低落，而無法妥善控制自己的行動及情緒。

大腦前額葉皮質是與控制記憶、情感、行動有密切關聯的部位，平時負責整理統合各種資訊、屏除不必要的資訊並集中管理。因此，要是這個部位無法好好發揮功能的話，就會引起各式各樣的麻煩，也與ＡＤＨＤ的症狀大有關聯。

此外，像亞斯伯格症與自閉症也是因為某些原因造成大腦機能發生異常，導致大腦與身體各部位無法好好協調聯繫，才引起的神經發展障礙。

雖然孩子的神經發展障礙可說是與生俱來，但後天成長的環境也會賦予孩子極大的影響，因此請盡可能為孩子準備良好的環境，支持孩子的良性發展。

神經發展障礙的主要成因是大腦的機能異常

大腦邊緣系統與大腦基底核

負責整合身體動作與情緒的流露，掌控欲望與行事動機。

前額葉皮質

負責統整思緒與記憶，整合情緒，掌控大腦整體的運作。

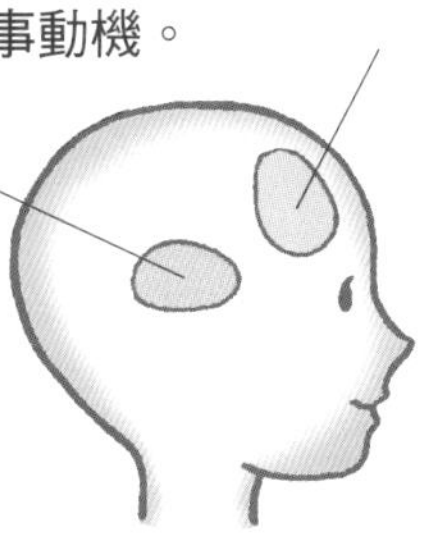

儘管已知大腦某部位出現異常仍無法辨明全貌

根據近期內的研究指出，ADHD 等神經發展障礙的主要成因是由於大腦的機能異常，前額葉皮質與大腦邊緣系統、大腦基底核的功能低落所造成。除此之外，據說與小腦也有關聯，而且從右圖可看出，神經傳導物質的異常也是重大原因之一。由於大腦機能異常是與生俱來的先天因素，因此也被推測為可能跟遺傳有關。儘管如此，目前為止我們還不瞭解神經發展障礙究竟是大腦的哪裡出現什麼樣的異常，無從得知神經發展障礙成因的全貌。

神經傳導物質異常也與神經發展障礙有密切關聯

以 ADHD 為例
由於大腦神經突觸之間的多巴胺濃度較低，會讓大腦無法好好傳遞訊息。

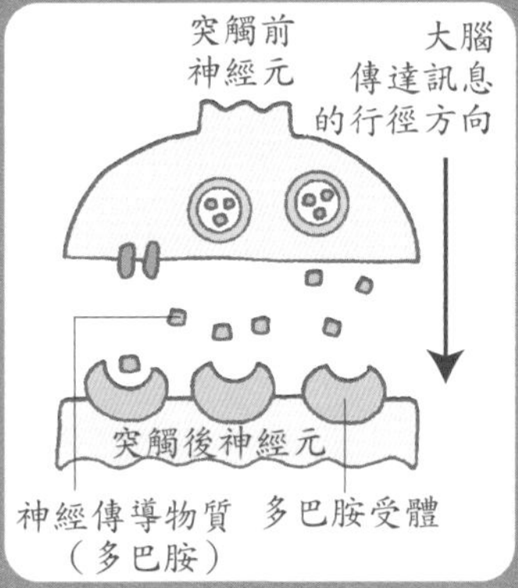

突觸（synapse）**：**屬於神經細胞的一部分，負責神經細胞之間的訊息傳遞，藉由神經傳導物質（neurotransmitter）的運作來傳達訊息。

＋

環境因素

↓ **複雜的盤根錯節導致**

ADHD 的症狀減輕或是變得更嚴重

雖然 ADHD 的症狀是與生俱來的大腦機能異常所造成，遺傳也可能是原因之一，不過並不會因此而讓孩子出現症狀，而是會因為家庭或學校的生活環境，導致症狀變得嚴重、或是讓症狀減輕到幾乎無法察覺的程度。

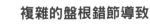

一旦察覺到孩子似乎不太對勁

雖然無法明確說出孩子到底在哪方面出現什麼問題，不過總感覺到孩子似乎不太對勁、好像哪裡怪怪的，這種時候就必須盡早前往各地衛生所、醫療保健中心、醫療院所接受諮詢。要是太晚採取對策，對孩子來說負擔也會越來越大。

若有感到異常之處 請洽詢各地諮詢窗口

應該有很多人就算察覺到「孩子好像哪裡怪怪的」，也不知道究竟該前往何處尋求協助吧！

首先，可以先與孩子平常去的幼兒園、學校的老師討論看看。向老師諮詢後若仍感到擔心，可前往各縣市的教養諮詢處、衛生所、保健中心進行諮詢。近年來設有「神經發展障礙」諮詢窗口的服務處也變得比較多了。（編註：在台灣可向社會局詢問）

此外，也可以前往各縣市皆有設立的神經發展障礙者支援中心接受諮詢尋求協助，也是不錯的方式。

神經發展障礙者支援中心是專門接受神經發展障礙兒童（成人）及其家屬諮詢的機構，能提供有效的建議與支援。由於可接受匿名諮詢，因此可讓人安心地前往諮詢。若要前往醫療機構接受診療的話，小兒神經科或兒童精神科會比較適合。

（編註：在台灣，學齡兒童及初高中青少年，請直接找兒童青少年精神專科醫師做診斷。在台灣可參考台灣兒童青少年精神醫學會網站中的醫師分佈，尋找專門醫師。http://www.tscap.org.tw/TW/Retail/ugC_Retail.asp

全台兒童發展聯合評估中心參考名單網址：https://www.hpa.gov.tw/Pages/Detail.aspx?nodeid=148&pid=548）

將感到異常的部分 寫成筆記詢問醫師

前往醫療機構接受診察諮詢時，不需要過於拘謹，請盡量直率地將心中的不安與煩惱表達出來。可以先將孩子平常的狀態與特別感到異常的部分整理好，寫成筆記帶去諮詢。

醫師會藉由直接觀察孩子的情形，同時傾聽平時最常接觸孩子的雙親話語來做出診斷。若是能事先向幼稚園或幼兒園的老師打聽孩子平時在外面的表現，也會對於醫師診斷很有幫助。

若手邊有平時與幼兒園老師的聯絡簿、及嬰幼兒健檢的檢查結果，前往諮詢時也要一併帶去作為參考。

感覺「可能是神經發展障礙」時，請及早向醫師諮詢

想要諮詢相關問題時

●保健、醫療機關

請前往住家附近的衛生所或保健中心，接受發展諮詢。不只是嬰幼兒、學齡兒童也可以前往接受診察。至於醫療機構，有標榜小兒神經科或兒童精神科的院所會比較適合。要是住家附近沒有這類醫療機構的話，就請向平時固定前往的小兒科進行諮詢。（編註：在台灣，可洽詢各地衛生局以得知相關醫療資源）

想要尋找專門醫師時

●日本小兒神經醫學會

在日本小兒神經醫學會的官網中可以查詢到小兒神經科專門醫師與神經發展障礙專科醫療醫師的名單。（編註：台灣的大型醫院皆設有早期療育聯合評估特別門診，由跨科跨專業的醫師與治療師們針對學齡前（0-6 歲）孩子提供個別化的多元評估、撰寫書面報告、提供後續建議並協助安排適當療育課程。）

●社區心理衛生中心

在各縣市都有專屬的精神保健福祉中心，專門進行心理層面的健康諮商，可接受虐待或在教養時的不安情緒、攝食障礙、精神障礙、閉門不出等諮詢。（編註：台灣各縣市政府皆設有「社區心理衛生中心」提供相關諮詢服務）

■台灣各縣市心理衛生中心參考網址
http://www.twcpa.org.tw/pubic_4.php

想要了解與自閉症有關的資訊時

●早期療育中心

協助神經發展障礙者的專門機構。與衛生、醫療、社福、教育、勞動等相關單位皆有聯繫。可提供神經發展障礙者（兒）與其家屬各種諮商、指導與建議。（編註：台灣各縣市社會局皆設有與早期療育和身心障礙有關的單位，提供相關資源轉介。）

■衛福部社會及家庭署發展遲緩兒童通報暨個案管理服務網
https://system.sfaa.gov.tw/cecm/about/index

前往醫院或諮詢服務處時應攜帶的物品

※ 健保卡
※ 兒童健康手冊
※ 幼兒健檢的檢查結果
※ 寫好欲諮商內容的筆記
※ 與幼兒園或學校老師的聯絡簿或教養日記
※ 小兒科醫師的轉介單
※ 筆記用具

當孩子被確診為神經發展障礙後

當自己的孩子被醫師診斷為神經發展障礙時，許多父母都會因為大受打擊而感到痛苦低落。千萬不要自己獨自承受這些難過的情緒，多尋求周遭的支援吧！

向身邊的親友們尋求協助

醫師的診斷與接下來該如何跟孩子相處大有關聯，可說是今後的教養指標也不為過。在診斷的過程中，可以讓父母了解到該採取怎麼樣的教養方式會比較順利、該怎麼做能夠降低孩子的負擔等等。

此外，讓越多人知道孩子的神經發展障礙，就能獲得越多人的幫助。因此父母千萬不要獨自承擔壓力，一定要尋求周遭旁人的幫助。

若是有兩個以上的孩子，做父母的通常都會把需要多照顧一點的孩子放在第一優先，強迫其他的孩子要學會忍耐。不過，無論如何都一定要時常對孩子們強調：「對爸爸媽媽來說你們都一樣重要喔！」

當神經發展障礙的孩子做出某些難以理解、或是以言語無法解釋的行為時，先不要斥責雙方，而是要和其他的孩子解釋「他很不擅長說話」、「不可以隨便觸碰他的身體喔」等，一有機會就要讓其他兄弟姊妹了解神經發展障礙孩子的特徵。

等到孩子們長到大概懂事的時候，就必須告訴他們關於神經發展障礙的事，並且全家人一起討論今後該如何共同協助神經發展障礙的孩子。因為，兄弟姊妹之間是就算到了父母都去世之後，還要一直扮演著支援者的重要角色。

同時也向周遭旁人坦承孩子的狀況

由於父母只要一個不注意，孩子便很容易會跟丟、迷路，神經發展障礙的孩子不僅很難隨機應變，更不擅長與其他人溝通，這樣真的會很令人擔心。

為了預防這樣的狀況發生，不妨先跟附近鄰居、固定站崗的交通警察、商店街的叔叔伯伯、車站站務人員等，溝通清楚有關孩子的神經發展障礙與其特徵，讓更多人協助關心孩子，如此才能確保孩子的安全。

當孩子被確診為神經發展障礙後

與專家諮詢、學習該如何面對孩子的神經發展障礙

→ 只要能採取適合孩子的相處方式，孩子就能以自己的方式好好長大

與其他也擁有神經發展障礙孩子的父母互相交流

→ 有許多援助團體及家長協會可加入。只要能和與自己相同立場的父母多多交流，就能產生更多勇氣

讓其他子女也一起加入支援的行列

→ 一定要經常對每位孩子傳達自己一樣地愛他們，並且告訴他們神經發展障礙孩子的特徵，讓孩子更能理解自己的手足

尋求周遭人士的協助

→ 盡量讓周圍的人都能了解孩子神經發展障礙的特徵與狀態，一旦發生意外時就可以獲得協助

好好了解孩子擅長的事與不擅長的事

→ 雖然是神經發展障礙，但孩子並非什麼都做不到。讓孩子好好發揮自己可以做到的事，一點一滴提升能力

（編註：在台灣，請上網搜尋：「過動症協會」、「自閉症協會」、「學習障礙協會」）

及早發現便能及早獲得援助

其實，有許多可以提供神經發展障礙孩子們支援協助的政府團體。積極地利用這些資源，同時深入理解神經發展障礙的相關知識，一定可以大幅提升孩子將來的可能性。

積極運用政府的各項資源

要讓患有神經發展障礙的孩子能夠自己獨立生活，必須受到比一般孩子更多、更縝密的支援與協助才行。光是只有父母負責照料、而沒有獲得適當的支援，只會感到精疲力竭而已。這種時候，就必須積極地靈活運用政府機構所提供的資源。若是在學齡前的孩子，可參考本書第43頁的介紹，前往各縣市的衛生局等處接受諮詢建議。

若是小學生或國中生的話，則可以利用各縣市皆設有設立的「心理衛生中心」。該中心有這方面的專家可以提供心理層面的健康諮詢，或是依照個人的不同狀況，像是教養時的不安情緒、虐待、精神障礙、閉門不出等各方面提供個別諮詢。

此外，在學校內部也有可以支援神經發展障礙孩子的資源。在其中扮演最主要角色的就是特殊支援教育老師（簡稱特教老師）。

特教老師是與學校、政府社福機構、醫療機構、特教專家等互相串連，專門提供神經發展障礙孩子協助的角色。

當孩子入學之後，若在校園生活中遇到困難時，可以先與特教老師討論諮詢看看。

當孩子表現出抗拒時只有雙親前往也OK

話說回來，就算父母想要帶孩子前往專門機構尋求協助、進行諮詢，要是孩子對於諮詢表現出抗拒的話，其實並不需要勉強孩子一定要一起去。剛開始時，只有父母前往諮詢也無妨。

由於孩子會對於沒去過的場所感到不安，因此可以先向孩子說明待會要去的是什麼樣的地方、要做什麼事情。在事前先給孩子看看該機構的照片，也能有效讓孩子降低不安感。此外，也可以先在行事曆上做好記號「〇日全家一起去諮詢」，提前告訴孩子父母的計畫，也能讓孩子感到比較安心。

金錢方面的政府援助

各縣市政府會針對有下列需求的人，發給「療育手冊」（名稱依各縣市有所不同）與「身心障礙手冊」。雖然各縣市政府提供的服務內容與適用對象皆有不同，不過，只要手上握有上述的手冊，就能領取特殊兒童扶養津貼與障礙兒童福利津貼等，同時接受政府提供的各項福利資源。

療育手冊制度

以智能發展遲緩、無法適應社會生活的人作為主要對象。若是身兼多重障礙的人，也可以與身心障礙手冊一同申請。

身心障礙手冊制度

為了有效促進精神障礙者的自立與社會參予度，並且更容易獲得各種支援，而發行身心障礙手冊。以患有精神疾病，造成日常生活與社會生活長期備受限制的人作為主要對象。

特殊兒童扶養津貼制度

扶養精神或身體方面具有障礙、未滿 20 歲兒童的家庭，每個月可以領取一定金額的補助制度。不過，這項制度有限制收入所得上限，要是前一年的收入所得超過一定的金額以上，則不會提供這項補助。

障礙兒童福利津貼制度

以精神或身體方面具有重度障礙、在日常生活中也必須有看護協助、未滿 20 歲在家療養兒童本人為補助對象。有限制收入所得上限。可以與特殊兒童扶養津貼同時合併給付。

◆注意力不集中與自閉症類群孩子在台灣

台灣對於發展遲緩兒童也提供療育補助。持有衛生福利部輔導設置聯合評估中心或地方政府認可之醫院開具之綜合報告書或疑似發展遲緩、發展遲緩證明書之疑似發展遲緩、發展遲緩兒童，以及身心障礙兒童領有身心障礙證明（或手冊）者，可以獲得交通及療育訓練費的部分補助。欲知詳細內容，可上各縣市政府社會局網站查詢。

該如何選擇幼兒園、小學與國中？

越接近孩子必須開始上學的時間點，父母想必會對於孩子該上哪一間學校感到煩惱吧！一定要先確認每間學校的氛圍及教育方針之後，再選擇一所能讓孩子安心上學的學校。

園內的氛圍及教育方針是最重要的關鍵

許多幼兒園，都會為了正在考慮是否就讀的親子開放園內參觀或體驗；也有些幼兒園會舉辦說明會，請大家一定要前往參加，這種時候就是感受園內氛圍的最好時機。

一旦入園之後，一定要與園內的老師同行，製造與老師說話的機會，請教老師該幼兒園的教育方針。請家長將孩子可以做到的事項與做不到的事項事先記錄成筆記，帶在身上與老師溝通孩子的狀態與特質，盡可能地正確描述。這麼一來，老師也比較容易考量該如何與孩子相處。

另外，若是孩子神經發展障礙的情況比較嚴重，也要事先向幼兒園確認清楚是否可以視情況來增加老師，或者向專家接受諮詢等細節。

依據孩子的特質來選擇適合的學校

通常神經發展障礙的孩子可以選擇下列幾種學習環境：特殊教育學校、普通學校的一般班級或特殊教育班級等。由於每個孩子神經發展障礙的表現方式有所不同，不可一概而論。請雙親務必要進行就學諮詢服務接受建議。由具有專門知識的專業人員觀察孩子狀況後，再從各種角度思考適合孩子的就學環境，藉此判定孩子比較適合就讀的學校。不過，專家的判定並非絕對。

但最重要的是，孩子是否能毫無壓力的開心上學，只要覺得上學很有趣，自然就能展開與同學之間的互動，加快社會化的步伐。因此，請家長不要拘泥於孩子是否於一般班級上課，而是應該以孩子是否能安心、讓能力獲得成長發揮，才是選擇學校的第一要務。

（編註：有學習或適應困難的孩子，在家長同意下，可透過特殊教育學生鑑定安置的程序，獲得相關輔導資源：先由老師評估孩子的能力現況與教育需求，再交給鑑定安置委員會核定孩子的特殊教育資格、適合就讀的班級以及需要的服務。）

選擇出適合孩子的教育環境吧！

依照孩子的特質與神經發展障礙的程度，選擇能讓孩子快樂學習的環境。

療育機構

在專門的療育機構中，能接受每一位孩子的特質，讓孩子接受適合的療育內容。由於在這些機構裡，每天安排的活動都與療育互相結合，孩子可以因此獲得大幅度的成長。由於在療育機構中，孩子可以學習到該如何與同儕相處，因此也有孩子是因此而開始願意前往幼兒園。

幼兒園

在幼兒園與小朋友玩耍、學習的同時，可以讓孩子慢慢變得比較社會化。請選擇能夠理解神經發展障礙孩子的幼兒園。

小學・國中

普通學校

一般班級

在一般的班級中，孩子可以與大家一起上課，從事各式各樣的活動，好處是孩子可以從其他同學身上獲得良性刺激、進而獲得成長；反之，也有可能會發生無法與同學好好溝通、跟不上學業進度等問題，造成自卑、疏離並產生不安感而煩惱不已。

特殊教育班級

在一般學校裡，也有為具有特殊障礙的孩子專門設立的特殊教育班級，這種班級的人數通常較少，相對於一般班級可能有 40 名學生，特殊教育班級裡的名額只有 8 名，因此老師可以顧及到每一位學生的狀況，給予適當的指導。

特殊教育學校

將以往的盲人學校、聾啞學校、養護學校合併後，就是現在的特殊教育學校。主要的目的是輔助孩子自立與生活上的支援。

資源班

以在一般學校求學、障礙程度比較輕微的孩子作為主要對象，其中也包含了神經發展障礙的孩子。一週大約會開課 1 ～ 2 次，配合每一位孩子的特質來給予指導。有些資源教室會設立在一般學校的內部，有些則可能必須前往其他學校接受指導。

（編註：台灣特殊教育安置及服務方式大致分為以下 5 種：1. 身心障礙分散式資源班 2. 聽覺障礙資源班 3. 視覺障礙資源班 4. 集中式特殊教育班 5. 特殊教育學校。）

青春期的應對方式

當孩子到了青春期，對於交友關係與自己的特質會抱有極大的煩惱。有些孩子會感到非常自卑、甚至到自暴自棄的程度。這段時期對於父母而言也會非常辛苦，一定要與周圍人士互相幫忙，共同成為孩子的強力後盾。

別忘了留意孩子周遭友人的動態

當孩子到了青春期，就會開始意識到自己好像跟其他的孩子有些不一樣的地方。

若是無法參與其他孩子開的玩笑、和大家一起笑得東倒西歪，自然也無法與大家互相協調共同完成什麼作品。

雖然這對本人而言也是無可奈何的事，但若總是不參加團體活動的話，其他孩子也會覺得他好像老是在偷懶。

要是長期置之不理的話，也會因此被排除在團體之外、甚至可能會遭受排擠霸凌，因此老師與父母一定要幫助孩子多留意。例如可以向其他孩子們說明，這個孩子的本性就是如此，並不是故意想要偷懶等。

在家裡的時候，父母也應該指導孩子平時該如何與朋友們溝通，並且留意自己的說話方式，讓孩子建立起自信心；即使是再怎麼微不足道的小事，也請盡可能地讚美孩子。

按照每一個階段一點一滴有所成長

另一方面，孩子本身也會對於為什麼自己無法做得跟別人一樣好，而感到苦惱、自卑。有時候這樣的心態也會以家庭內暴力的形式發洩出來。

此時，父母應持續觀察孩子的狀況，在大約該進入國中就讀的時間點，一邊與專家進行諮詢、一邊試著告訴孩子有關神經發展障礙的事。一旦孩子了解到自己是因為神經發展障礙而有所不足、並不是自己的問題後，心態上多少也會變得比較輕鬆一些，並且萌生出想要積極克服的勇氣。

在告訴孩子的時候，千萬不要用「你生來就是這樣、也沒辦法」等負面的說法，或者用「以後慢慢就會好了」等含糊其辭的方式對孩子說明，而是要以正面的態度告訴孩子「你一直都很努力、真的很棒」、「我覺得你真的是一個率直又認真的孩子喔！」，給予孩子正向的肯定。

聆聽孩子煩惱，從旁給予適當協助

交不到朋友

一定有人可以了解專屬於你的優點喔！
告訴孩子「媽媽會永遠支持你」，讓孩子感到安心

沒辦法做得與其他孩子一樣好

每個人都有自己的優缺點
告訴孩子「不需要跟大家都一樣」

在課業方面跟不上大家

可是你很會畫畫，不是嗎？
讚美孩子關於讀書以外的優點

反正我就是做不到

你總是可以幫上媽媽很多忙呀！
舉出孩子的長處，鼓勵他

沒有人可以了解我的心情

跟媽媽聊聊你的心情吧！
經常聆聽孩子的心聲，體會孩子的心情

不想去學校

不用勉強自己去學校也沒關係
詢問孩子不想去學校的原因，思考解決方法
在家自學
●在家裡幫忙家事
●家族旅行讓心情煥然一新
●與學校老師聯繫，調整校園環境讓孩子能夠重新去上學

能夠進入高中、大學求學並就職嗎？

即使孩子有神經發展障礙，還是可以繼續求學、就職；而且若對象能夠理解的話，當然也可以結婚、建立起自己的家庭。只要學會社交技巧，並且找到適合本人特質的工作，就能在職場上發揮自己的能力。

選擇適合自己特質的工作

即使孩子有神經發展障礙，還是非常有可能可以進入高中、大學繼續求學。藉由與同儕朋友之間的交流、同時接受社交技巧方面的訓練，孩子的溝通能力也能一點一滴地向上提升。

不過，大部分的神經發展障礙孩子，做得到的事與做不到的事之間涇渭分明，對於做不到的事情不管付出了再多努力，可能也得不到回報。因此，在求職的時候首先一定要先了解自己的適性，找出自己做得到的事作為職業是最重要的關鍵。

為了確認自己的適性，在學生時代不妨嘗試各式各樣的打工機會，也是不錯的方法之一。

此時，父母就在一旁默默守護孩子，並提出適合孩子的工作建議。同時，為了獲得更客觀的判斷，持續向專家進行諮詢也非常重要。因為有不少家長會因為自己的孩子好不容易從知名大學畢業，就一味要求孩子一定要在一流企業中任職。但是，若是不符合孩子本身的適性，不僅工作無法維持太久，甚至有可能會讓孩子處於憂鬱狀態，到最後還是會離職。

在選擇工作的時候，一定要先考慮到工作內容、職場體制與是否適合本人的特質，才是先決條件。

積極利用就業支援機構

儘管心裡想要積極地求職，但卻不知道該從何開始或是丟了好幾間公司的履歷卻毫無下文，這種時候就可以好好利用政府的就業支援機構。可前往區公所接洽就學服務相關人員、或是到「台灣就業通」尋求諮詢。

依照每個人的情況不同，有些人可以領取到身心障礙手冊，依循身心障礙者福利措施的方案找到工作，這是屬於身心障礙者專屬的求職管道。神經發展障礙者可積極接受就業輔導員的指導與職場方面提供的支援，順利進入職場工作。

了解自己的適性

亞斯伯格症

〇 做得到
* 可平心靜氣地從事單純的反覆作業
* 擅長電腦與遊戲
* 可以完全符合規則正確做事
* 不受限天馬行空想像力

✕ 做不到
* 配合身邊的環境做事
* 與初次見面的人應酬
* 說客套話
* 分辨場面話與真心話

適合的工作
* 程式設計師
* 工程師　＊研究員
* 攝影師
* 擁有工作手冊、有規範程序的工作
* 接觸人群較少的工作

不適合的工作
* 窗口業務
* 業務
* 服務業
* 教師
* 管理職等

ADHD

〇 做得到
* 有行動力
* 源源不絕的靈感
* 能掌握最新資訊
* 心思敏捷機智

✕ 做不到
* 長時間集中精神
* 一直坐著不動
* 長久記憶
* 不犯錯

適合的工作
* 業務
* 藝術家
* 音樂家
* 創業家

適合的工作
* 行政職
* 單純的操作作業
* 交通工具的司機
* 校閱者等

日本主要的就業支援機構

●Hello Work：在這裡可以依照每個人的特質，提供詳細的職業諮詢服務。與福利、教育機構都有所連結，可以從準備求職的階段一直到完全適應職場為止，提供有連貫性的支援。

●神經發展障礙者支援中心：專門針對神經發展障礙兒童（成人）提供綜合支援的機構。不僅能提供有關於求職的諮詢，也與Hello Work、障礙者職業中心等機構互相合作、提供資訊。

●障礙者職業中心：針對希望求職的障礙者與有意願雇用障礙者的公司行號，提供雙方支援。提供求職、職場適應等相關諮詢，同時也幫助公司行號進行職業能力評估、工作訓練、人際關係訓練等。此外，也會派遣就業輔導員進入職場內部，提供符合障礙者特質的縝密支援。

●地方年輕人支援站：針對包含繭居族等沒有工作的年輕人，提供專門的諮詢與溝通訓練，以及前往配合企業進行就職體驗等，支援年輕人就業。

●Job Caf（年輕人就業支援中心）：像是職場體驗、就業研討會、就業諮詢、職業諮詢、職業介紹等等，提供各式各樣免費的就業支援。

（編註：台灣部分除了就業服務站，也有身心障礙者就業服務中心或身心障礙者庇護性就業服務等，詳情可上勞動力全球資訊網查詢。）

盡早採取對策才能預防二次傷害

與周圍人士的摩擦與衝突，常會引起神經發展障礙孩子很嚴重的二次傷害。因此，只要一查覺到這類情形的徵兆，就必須盡早採取對策。為了避免引起二次傷害，取得周圍人士的體諒就是最重要的關鍵。

周圍人士無法諒解 會將孩子逼到絕境

其實，如果孩子單純只是患有亞斯伯格症或ADHD等神經發展障礙，本身並不是什麼大問題。

只要家庭與學校能周全地考量到孩子的特質並給予適當的應對，孩子就能安心生活、健康成長。有許多神經發展障礙的孩子，在這樣的環境和成長過程中，原本比較弱的能力能夠獲得提升，變得不那麼容易受挫、氣餒。再加上要是能找到適合自己特質的工作，便能擁有安穩的生活。

可是，要是家庭與學校都沒有深入了解孩子的特質，一味強迫孩子做到不合理的要求，促使孩子要有跟其他同學一樣的表現，這麼一來就會引發許許多多的問題。舉例來說，當孩子無法做到跟別的孩子一樣的水準，卻引來老師的嚴厲斥責、同學的霸凌，孩子的內心當然會受到難以抹滅的傷害。在家庭內也是一樣，若在家裡總是被責怪，孩子就有可能會陷入無法相信別人的負面狀態。

接受孩子原本的樣貌 盡可能讚美孩子

有時候，當孩子感受到強烈的自卑感或壓力時，便有可能會讓孩子陷入低潮憂鬱、拒絕上學、閉門不出、傷害自己、家庭內暴力等，遭受到二次傷害。孩子的狀況有多嚴重，就表示他內心受到的傷害有多深，因此一定要多加留意孩子的心理狀態。

一旦出現了上述二次傷害的徵兆，就要設法探詢原因，盡可能及早解決問題的根源。為此，家長與學校老師一定要保持緊密的互動與聯繫。

在家裡時，也要留意不要為了孩子做不到的事而斥責孩子，盡量以溫暖的目光守護孩子吧！當家長發現孩子正在努力或是達成某些事情時，就要盡全力讚美孩子。因為當自己擅長的事情被稱讚之後，便能讓孩子產生自信，這麼一來其他方面的能力自然也會有所提升。

如何預防二次傷害

●周圍人士的不諒解會引起孩子的二次傷害

- 強迫矯正孩子的特質
- 對於孩子做不到的事情嚴厲斥責
- 責備孩子個性不好
- 遮掩、不肯承認孩子的神經發展障礙
- 捉弄、嘲笑孩子

↓

持續不諒解與斥責會讓孩子心中的傷痕越來越深

↓

二次傷害

●理解孩子並輔以適當的協助來預防二次傷害

- 當孩子努力時，要讚美孩子做到的部分。讚揚孩子的長處
- 尋求老師的體諒，雙方保有共識
- 向孩子的班級與班上同學尋求協助
- 花心思尋找適合孩子的教材與教科書

↓

只要能被大家理解、接受，孩子就能保有自信

↓

能力獲得發揮、持續有所成長

主要的二次傷害

■拒絕上學

同儕之間的摩擦或霸凌導致孩子拒絕上學

對策：請學校老師改變應對方式。依情況可以將孩子的特質告訴同學，尋求同學的體諒

■學業表現不振

因無法跟上課堂上的進度、沒辦法跟同學有一樣的表現等，讓孩子感到自卑

對策：不要責備孩子做不到的事情，而是改為讚美孩子能做到的事情

■抑鬱狀態

當孩子感受到強烈的自卑感，就會變得悲觀、沮喪無力

對策：讓孩子暫時休養一陣子，與孩子一起接受諮詢，向專科醫師尋求協助

■家庭暴力

龐大的壓力與不信賴他人，導致孩子對周遭的憤怒爆發出來

對策：深入理解孩子的特質，改變與孩子的應對方式。建議向專家尋求諮詢

■害怕與人相處

由於被同學霸凌、嘲笑，導致孩子害怕與他人相處

對策：與孩子一起練習與別人溝通的方式，磨練社交技巧，從旁協助孩子

■身心症

龐大的壓力與煩惱造成身體狀況失調，反映在頭痛與腹痛上

對策：重新整頓生活環境，向醫師尋求協助

讓母親的心靈獲得喘息也很重要

有許多母親都會認為，是不是自己哪裡做得不好孩子才會變成這樣，忍不住產生自責的念頭。心裡冒出越來越多悲觀的想法，只會陷入惡性循環而已。做為母親，偶爾也要讓自己的心靈獲得喘息，才能重新振作起來。

以積極樂觀的想法克服一切

在教養孩子的路上挫折不斷，會讓母親漸漸失去自信。「剛剛又忍不住斥責孩子，我真是糟糕的媽媽」、「反正不管做什麼我家的孩子都做不到，都是因為我不好」等，若是長期讓這種悲觀、負面的思考盤據在心裡，只會讓自己陷入惡性循環而已。

在這種時候，不妨換一種方式思考，「一切都會慢慢好轉的」、「雖然可能會花上不少時間，不過這種方式可以讓孩子慢慢變得比較放鬆穩定」等，讓自己重新轉換心情，相信一切一定會往好的方向邁進。有時候不要光顧著用頭腦想，試著用筆將心情整理在紙上，說不定就可以發現解決的辦法。

媽媽也需要休假讓自己重振精神

雖然孩子非常重要，但還是請大家要先好好珍惜自己。不要什麼事都一個人悶在心裡煩惱，而是應該與丈夫、家人、朋友傾吐並尋求協助。此外，積極利用政府機關提供的服務也是一個不錯的方法。

建議大家可以將孩子託給保姆，外出旅行兩天一夜。這麼做不僅可以讓心情變得煥然一新，同時也藉由與孩子保持距離，讓自己更能重新體會與孩子相處的樂趣。另外，也請大家時常跟朋友聯繫聊天、投入在自己的興趣中，一定要保有閒暇時間做自己喜歡的事。

光是一個人把煩惱悶在心裡思考，常會讓問題陷入膠著，如果能有聊天的對象可以互相討論、或者是接受專家諮詢，就可以降低心中的負擔。

雖然有些人可能會對於要跟陌生人討論孩子的事感到抗拒，不過，專家一定可以體會母親的心情，站在母親的角度共同思考孩子的問題。光是有人可以聆聽自己的煩惱，就可以讓心情輕鬆一大半了。在教養孩子的過程中，好好抒發自己的心情也是很重要的一環。

為自己充電、重振精神的方法

「媽媽的煥然一新大作戰」

1 做點開心的事

＊保有自己的興趣
＊與朋友一同享用午餐

2 與丈夫一起

＊小旅行
＊２人晚餐或午餐約會

3 保有一個人獨處的時間

＊感到沮喪無力時，將孩子托給保姆，前往商務旅館度過寧靜的夜晚
＊前往美容院放鬆身心

4 活動身體

＊慢跑或散步
＊前往健身房
＊報名參加舞蹈課程等
＊做運動

5 讓身體好好休息

＊靜靜地聆聽喜歡的音樂
＊睡午覺

6 請人來家裡幫忙堆積如山的家事

＊請專門打掃的人到府幫忙
＊拜託母親或姊妹前來支援
＊請朋友過來幫忙

7 與可以跟自己一起思考孩子問題的人保持聯繫

＊與學校或幼兒園的老師討論
＊前往各縣市的諮詢窗口等機關接受諮詢
＊接受專家諮詢

專欄

全新的範疇「自閉症類群障礙症（ASD）」是？

美國精神醫學學會於 2013 年將精神疾病患者的診斷與統計手冊重新修改後，發表了「精神疾病診斷與統計手冊第五版（DSM － 5）」。

第五版與先前的第四版 DSM － Ⅳ － TR 有著極大的差異。在第四版 DSM － Ⅳ － TR 當中廣泛性神經發展障礙（PDD）包含了自閉症、亞斯伯格症、待分類的廣泛性神經發展障礙等，但在第五版中則是將上述這些障礙全都納入了自閉症類群障礙症（ASD）的範疇。

也就是說，在 2013 年以前曾被大眾所使用的廣泛性神經發展障礙與亞斯伯格症等疾病名稱，現在已經不再使用了。

若是孩子表現出在社交方面的障礙、言語或非言語方面的溝通障礙、形成並維持人際關係的障礙，或是行為、興趣、活動上展現出侷限且反覆的徵兆，在感覺方面過度敏感等共通症狀，就算是包含在自閉症類群障礙症之中。

雖然會改名為自閉症類群障礙症，主要是因為站在與孩子相處應對的角度上，這些神經發展障礙具有共通的性質，不過，在本書當中我還是使用大家比較熟悉的自閉症與亞斯伯格症等舊稱來為大家說明。

ADHD 也合併在內

此外，雖然在這之前學界普遍不會將廣泛性神經發展障礙與 ADHD 合併看待，不過，在 DSM － 5 當中也將兩者合併看待了。

（編註：ADHD 與 ASD 兩者皆屬於 DSM-5 手冊中「神經發展障礙症」的分類之下，彼此是互為獨立的項目，DSM-5 容許同時給予多重診斷。）

神經發展障礙症 (neurodevelopmental disorders)

在各種神經發展障礙中，雖然每個孩子症狀的嚴重程度不一，但時常會出現合併發生的情形。因此神經發展障礙就是以廣泛的意義來看待孩子出現的多種症狀，而不是由單一的障礙來做判斷。

智能障礙 ■ 學習障礙 ■ 亞斯伯格症候群 ■ 自閉症 ■ ADHD ■ 自閉症類群障礙症（ASD）

第2章

【亞斯伯格症】教養的實踐對策關鍵就在這裡！

亞斯伯格症的孩子是怎麼樣的孩子呢？

儘管亞斯伯格症乍看之下跟自閉症有點像，不過亞斯伯格症孩子的語言遲緩並不明顯，而且也不會出現智能發展方面的遲緩，共通點在於兩者都會在人際關係方面出現困難。先從亞斯伯格症的基本特徵開始了解吧！

處理人際關係會讓孩子最感到棘手

亞斯伯格症孩子的症狀有下列3點。

①社交方面（人際關係）的障礙

亞斯伯格症孩子不擅長依照當下情況來做出反應、與別人保持適當的距離感，不曉得該如何與同儕互動往來。

一般來說可區分為3種類型，分別是不想與人群互動的自我孤立型、不擅長主動找人互動的被動型、以及會積極找人相處卻不顧及對方感受的積極奇異型。

②無法與人進行良好溝通

亞斯伯格症孩子會把別人的玩笑話或譏諷當真，只按照表面的言語來理解內容，無法掌握別人的弦外之音；同時也不擅長藉由表情或動作來推測對方的心情。而且，亞斯伯格症孩子特別喜歡使用艱澀的詞彙，常會說出彷彿小大人般的用字遣詞、或是說話方式過度禮貌客套，因此可能會與同年齡的孩子顯得格格不入。

③社會想像力的障礙

由於亞斯伯格症孩子無法推測出對方的心情，也不擅長站在對方的立場思考，因此可能會發生惹人討厭而自己卻不自知的情形。此外，亞斯伯格症孩子也會擁有獨特的自我堅持，有時可能會將自己的想法強行加諸在別人身上。

由於亞斯伯格症孩子具有以上各項特質，因此在人際關係方面無法與他人融洽相處，不容易交到朋友。

感覺方面過於敏感，有些人可能不擅長運動

由於亞斯伯格症孩子在聽覺、視覺、觸覺、味覺等感覺方面特別敏感，因此可能會對些許的雜音做出過大的反應，或是表現出極端的偏食行為。反之，也會有孩子在這些感覺方面顯得特別遲鈍，因此必須多加留意孩子的狀況。另外，有些亞斯伯格症孩子手部比較不靈巧，可能會不擅長進行細緻的手工；或者是身體動作不流暢，因此不擅長運動等。

亞斯伯格症的主要特徵

●社交方面的障礙

★缺乏與同儕互動往來的能力
★沒有意願和同儕互動往來
★容易與同儕產生衝突
★無法與他人保持適當的距離
★無法配合對方或當下情況做出反應、改變應對方式

●溝通方面的障礙

★自顧自地喋喋不休
★彷彿小大人般的用字遣詞，說話方式過度禮貌客套
★會把玩笑話當真
★無法了解對方的言外之意而容易誤解他人
★不擅表達
★缺乏臉部表情
★不會使用肢體語言
★不會與人有視線接觸、或是看起來不自然

●社會想像力的障礙

★很難理解別人的感受
★無法想像自己沒有經歷過的事
★興趣的範圍或活動的領域非常狹窄卻深入
★擁有獨特的自我堅持，一定要照著計畫行事，否則就會覺得不自在
★討厭變化
★不明白什麼是不言而喻的默契

亞斯伯格症的診斷準則與藥物治療法

由於每個孩子在神經發展障礙的程度與症狀上都有很大的差異，因此診斷起來並不容易。醫師通常都是藉由與孩子對話以及從孩子的行為來觀察，同時向雙親問診，以多元的角度進行診斷。

國際上的判斷準則「DSM－IV－TR」

亞斯伯格症孩子的最大特徵是，無法與他人融洽相處、進行良好的溝通。醫師在診斷亞斯伯格症的時候，通常會利用美國精神醫學學會所制定的「DSM－IV－TR」作為判斷準則。（編註：目前最新版本是二〇一三年所出版的DSM－5，其中已刪除亞斯伯格症這個診斷，一律歸類為ASD。）

在亞斯伯格症的各項特質中，特別被重視的有孩子是否能在說話時與別人視線交流、與別人交談時流露出何種表情、是否能使用恰當的肢體語言、與朋友之間的關係如何、是否能與別人分享喜悅或關心他人等等。

診斷時，醫師不只會看孩子本人，也會與其家人詳細詢問孩子平常的狀態。不過，有些情形若只診察一次並不容易判定，通常會經歷好幾次診察後醫師才會做出診斷。

配合孩子狀況 必要時採取藥物療法

由於亞斯伯格症並非疾病，因此基本上只要提供適合孩子本人的支援，就可以有所改善。

不過，當孩子出現下列情形時，就有可能必須同時採取藥物療法。

●焦躁不安、容易亢奮。出現傷害自己的行為、或對家人施以暴力。
●食慾不振、失眠，有「像我這種人死了最好」之類的想法。有憂鬱症之虞。
●產生被害妄想或出現幻覺。
●自我堅持過於強烈，導致日常生活產生障礙。
●展現出強烈的注意力不足、過動、衝動等ADHD症狀。
●產生強烈的不安、強迫症等合併症狀。

當孩子出現以上情形時，就必須視情況施以抗憂鬱藥物、抗精神病藥物、抗焦慮藥、ADHD的治療用藥、助眠劑、情緒穩定劑等。

若需要採取藥物療法的話，請務必要遵照醫師的指示讓孩子服用藥物。

亞斯伯格症的診斷準則
（由 Gillberg and Gillberg 所提出）

1. 在社會互動層面上有重大缺陷（在下列敘述中至少符合 2 項）

欠缺與他人互動的能力
欠缺與他人互動的欲望
不了解有關社交方面的訊息
表現出不符合一般社會、情感的行為

2. 有興趣或關心的範圍非常狹窄（在下列敘述中至少符合 1 項）

不參與其他沒興趣的活動
反覆堅持自己的執著
行事具有固定卻無特殊意義的傾向

3. 表現出反覆的一致行為（在下列敘述中至少符合 1 項）

自己在生活上的行為
對他人的行為

4. 說話與語言上的特質（在下列敘述中至少符合 3 項）

發展遲緩
表面上極為老練成熟的用字遣詞
偏重形式、執著於細節的說話方式
說話的音調或節奏比較奇特
無法區分場面話或言外之意，常會誤解別人的意思

5. 非語言溝通方面的問題（在下列敘述中至少符合 1 項）

不太使用身體動作
肢體語言不順暢／笨拙
缺乏臉部表情
採用不恰當的表達方式
眼神奇異、視線常飄忽不定

6. 運動方面的笨拙

體育測驗成績偏低

教養亞斯伯格症孩子時必須注意的事項

亞斯伯格症孩子看待事物的方式相當獨特，因此在教養時必須先深入了解孩子的特質，找到適合自己與孩子的相處方式吧！

預測可能發生的問題 訂立作戰策略

當孩子做出問題行為時，不要只對該行為鑽牛角尖，最重要的是要找出孩子為什麼要那麼做的原因。為此，可試著連續記錄孩子1～2週的行為，孩子在做出問題行為之前的狀態、發生什麼事、之後如何應對、孩子是否有發生什麼變化等，一一記錄下來。接著再試著進行分析，如此一來也許就能預測出孩子在什麼狀況下會引起什麼問題，依此訂立作戰策略。

戰略① 寫下來讓孩子理解

在與亞斯伯格症孩子溝通時，比起口頭上嘮嘮叨叨，倒不如用寫下來的方式，孩子會更能理解。

此外，生活上的規則也要以白紙黑字的方式寫下來。一旦孩子跟朋友發生衝突，就把詳細經過寫成文字、或者畫成圖畫，再以簡單明瞭的方式對孩子解釋對方言語中隱含的實際想法。

戰略② 具體地告訴孩子

對一般孩子來說，不必講那麼明白就會懂了，但對於亞斯伯格症孩子來說卻不具備這種常識性的想法。

而且，亞斯伯格症孩子的思考方式與大多數人都不太一樣。請父母要將這種對於一般人來說是常識及普遍的思考方式，具體地教導孩子。

戰略③ 讓孩子握有計畫表

許多亞斯伯格症孩子面臨不熟悉的狀況、活動前，會感到特別不安，當不安感越來越高時，有些孩子會變得焦躁易怒。因此，可先製作好計畫表，以簡潔扼要的方式將預定計畫寫下來給孩子看，讓孩子能感到比較放心。

戰略④ 用言語表達自己的情緒

亞斯伯格症孩子不擅長以言語或表情來傳達自己的心情。孩子之所以陷入恐慌，也是因為溝通能力太差所引起。請盡量教導孩子察覺自己的情緒及如何把自己心情傳達給他人的技巧。

戰略⑤ 掌握孩子的壓力程度

有許多亞斯伯格症孩子很難察覺到自己身體或心靈上的疲憊，請父母幫助孩子妥善調整生活步調。

對待亞斯伯格症孩子的基本技巧

分析孩子產生問題行為的原因，訂立作戰策略

戰略① 寫下來讓孩子理解

孩子不了解的事情，
就利用視覺讓孩子理解

- 比起用耳朵聽，亞斯伯格症孩子用眼睛看會更容易理解

戰略② 具體地告訴孩子

以非常容易明白的方式
告訴孩子

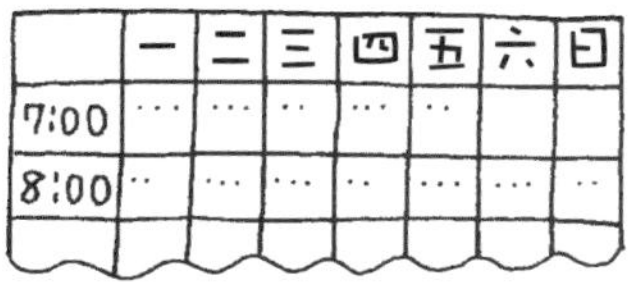

- 製作檢核表或順序表
- 將計畫行程寫下來
- 給孩子看圖畫來說明
- 以簡單明瞭的方式告訴孩子規則與禮節（社會性故事 Social Story）

戰略③ 孩子握有計畫表

了解接下來的計畫
就能感到安心

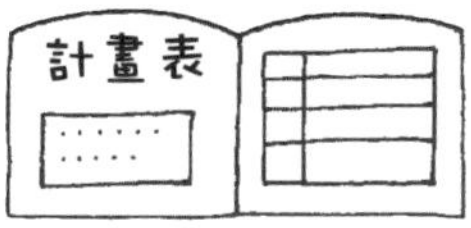

- 只要能掌握事情的順序，孩子就不會太擔心
- 提前告知孩子，就不會引起孩子的恐慌焦慮
- 只要知道何時結束，就能繼續努力

戰略④ 言語表達自己的情緒

了解情緒

- 利用表情圖卡就能輕鬆傳達情緒
- 教導孩子情緒的傳達方式

戰略⑤ 掌握孩子的壓力程度

不容易察覺到身體狀況的變化

- 幫助孩子調整生活步調

發生這些狀況表示孩子感受到的壓力程度正逐漸升高

- 早上起不來
- 睡眠時間偏少
- 沒有食慾
- 沒有時間做自己喜歡的事、無精打采
- 比平常更覺得雜音很吵。對光線感到暈眩
- 比平常更焦慮不安、無法集中精神
- 對許多事情都感到不安
- 覺得自己很沒用

亞斯伯格症孩子與人相處的模式有許多種

雖然都是亞斯伯格症，但每個孩子與他人相處的模式各有不同。深入了解自己孩子的所屬類型，就能教導孩子該如何與別人相處得更融洽。

教導孩子適合他的與人相處模式

有些亞斯伯格症孩子喜歡自己一個人獨處、但也有些孩子是想要與別人接觸卻不知道方法。因此，必須依照孩子的類型，採取適合他的應對方式。

① 無意願與別人建立關係的類型

這類型的孩子對他人極端地漠不關心，不想與人有所往來。就算去公園裡玩，也不會打入別的孩子群體中，只會一個人獨自玩耍。面對這樣的孩子，絕對不可強迫他一定要和別人接觸，這麼做可能會讓孩子感到強烈的不安與緊張，而變得越來越討厭人群。

首先，應該讓孩子與能讓他感到安心的大人，建立起1對1的互動關係，成功之後再讓孩子與其他孩子1對1玩遊戲，一步步慢慢建立人際關係。

由於這類型的孩子一旦接受到過多刺激，就會感到難受焦慮，必須先從少人數開始讓孩子慢慢習慣與人互動。

② 不會主動與別人互動的類型

雖然這類型的孩子當別人來找自己時會有所回應，不過卻不會自己主動去找別人互動。像這種被動型的孩子，通常也無法好好表達自己的情緒，就算別人對他提出他不樂意的要求，卻還是無法說出「不要」，導致凡事都對別人言聽計從。

因此，要是這類型的孩子遇上了比較強勢的孩子，很容易被牽著鼻子走，家長要盡可能讓孩子與比較穩重的孩子保持互動關係。在與別的孩子相處的過程中，也要適時地引導孩子一點一點地說出自己的心情與意見。

③ 會積極尋求與人互動的類型

儘管這類型的孩子對人群抱有高度興趣，但接觸方式卻很獨特，容易演變成單方面的人際關係，因此也很容易會導致衝突產生。面對這樣的孩子，家長應該要教導他與別人相處時的方法，才是最重要的。在教導孩子與別人相處的方法時，應該要以具體的方式對孩子說明，例如要是採取了這種行動，對方會產生什麼樣的感受等。

若能讓孩子參加小團體的社交技巧訓練課程，也會對孩子很有幫助。

配合孩子類型來指導適合他的與人相處模式

①有意願與別人建立關係的類型

自我孤立型

- 喜歡自己一個人
- 不會想要與別人扯上關係

→

- 不要強迫孩子一定要與人群接觸
- 先與大人建立起 1 對 1 的互動關係
- 一步一步與外界接觸

②不會自己主動與別人互動的類型

被動型

- 如果是別人主動來找自己的話，會給予部分回應
- 不主動表達自己的感受，容易受人擺布

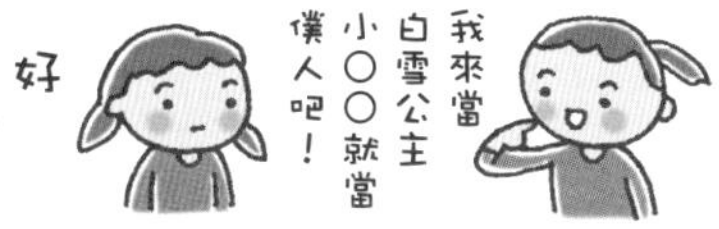

→

- 讓孩子與比較穩重的孩子保持互動關係
- 讓孩子一點一點慢慢練習如何以言語表達自己的心情與意見

③會積極尋求與人互動的類型

主動但乖異型

- 雖然會積極想要與人互動，卻是單方面的傳達而已
- 儘管主動與許多同學說話，卻還是交不到朋友

→

- 教導孩子與別人相處時的規則
- 教導孩子如何聆聽別人說話
- 讓孩子參與少人數的社交技巧訓練課程

【幼兒期】

教導孩子該如何與人溝通

雖然亞斯伯格症孩子的語言發展沒有問題，但卻無法與人進行有來有往的對話。家長必須有耐性地一一教導孩子與人溝通時的潛規則。

教導孩子與人溝通時的潛規則

首先，家長必須教導孩子在與人說話的時候，身體必須稍微向對方傾斜、看著對方的眼神說話等溝通時的潛規則。

不過，有些亞斯伯格症孩子可能會排斥在說話時與對方有視線接觸。遇到這種情形下，可以教孩子在說話時看著對方的臉部或下巴等部位。

家長要與孩子說話時，可以先接近孩子告訴他：「看著媽媽的臉喔！」再開始說話。每一次要和孩子說話時都反覆練習這個步驟，直到孩子能做到為止。

從做出適當回應開始教起

接下來就要教孩子當別人主動來向自己說話時，該做出哪些基本的回應。

首先，當聽到有人叫自己的名字時，就要鼓勵孩子回答：「有！」當孩子確實做到時一定要記得讚美孩子，並且重複練習幾次。

接著也要讓孩子練習說：「謝謝。」像是當孩子拿到零食時、爸媽協助換穿衣物、別人借出玩具時等受到別人幫助、感受到善意的場合，都要回應對方一聲：「謝謝。」

一開始孩子可能無法做到，因此家長可以鼓勵孩子：「要說謝謝啊！」孩子說了之後一定要讚美他：「你說得真好！」接下來遇到相同情形時，可以只提示孩子「謝？」這個音，看著孩子的臉鼓勵孩子：「現在該說什麼呢？」以誘導方式讓孩子說出感謝。

只要像這樣一步步反覆練習，孩子就能慢慢依照指示對別人做出回應，甚至還可以自動自發地回應別人。

另一方面，做父母的在孩子幫忙做事後，也一定要記得對孩子說聲「謝謝」，同時也要以一樣的方式練習說「對不起」。

此外，爸爸媽媽之間的對話也要有意識地使用這些詞語，讓孩子有機會在生活中有榜樣可以學習。

教導孩子與人溝通時的基本潛規則

溝通時的視線

首先，走近孩子身邊引起孩子的注意

①先告訴孩子：「看著媽媽的臉喔！」再開始說話

②每次要與孩子說話前都要重複這個步驟

③不一定要強迫孩子「看著對方的眼睛」，只要「看著對方的臉部」就可以

聽到別人叫喚時要回答「有」

先引起孩子的注意

①呼喚孩子的名字，鼓勵孩子回應「有」

②不斷重複練習

③可以做出「有」的嘴型來鼓勵孩子

④當有人呼喚媽媽時，也要回答「有」來示範給孩子看

當別人借出物品時要說「謝謝」

①剛開始時，可以鼓勵孩子：「要說謝謝喔！」當孩子說出口時，一定要記得讚美孩子：「你說得真好！」

②重複練習好幾次同樣的情景

③可以先發出「謝」這個音來提示孩子

④漸漸地孩子就可以主動做出回應，而不需要父母提醒

⑤父母也必須在孩子幫忙做事時，回應孩子「謝謝」

練習說「對不起」

①當孩子犯錯必須道歉時，在一旁鼓勵孩子：「要說對不起喔！」

②當孩子說出口時，一定要稱讚孩子：「你說得真好！」

③每當遇到相同情況時都要反覆練習說「對不起」

④爸爸媽媽平時交談時也要時常使用「對不起」，作為孩子榜樣

【幼兒期】

面對孩子獨特堅持的對應方法

擁有自己的獨特堅持，可說是亞斯伯格症的重大特徵之一。亞斯伯格症孩子會一股腦地鑽研自己喜歡的事物，並且堅持要遵守自己訂下的規則。比起強迫孩子停止堅持，倒不如想想該如何才能順利解決生活中可能會發生的衝突。

強迫孩子會引來反效果

想要照著自己的想法做事或是想要持續進行自己喜歡的事情，擁有獨特堅持就是亞斯伯格症孩子的一大特徵。

雖這樣的堅持可能會對每天的生活造成不便，但要是家長以此斥責孩子、或強迫孩子不准繼續，反而會讓孩子更執著。不僅如此，孩子也會因備受壓力而陷入恐慌狀態，或變得不適應學校生活而關在房裡閉門不出。

有些孩子會因為自己也不知道該怎麼辦而感到苦惱不已，請家長們一定要理解孩子，不要認為孩子只是在耍任性而已。

與其想辦法扭轉孩子的固執之處，倒不如想想有什麼方法可以讓孩子的生活過得更順利。

花點心思讓孩子可以轉換心情

當孩子感到不安時，自我堅持會顯得更強烈。因為當孩子感到不安或緊張時，會藉由自我堅持來舒緩自己的情緒。因此，只要設法降低造成孩子不安的原因，就能讓孩子不再過分執著。

此外，由於亞斯伯格孩子感興趣、抱有關心的事物非常有限，當孩子對於這些事物的執著增強時，也會演變成一種自我堅持。遇到這種情形時，請家長花點心思營造出能夠讓孩子容易轉換心情的環境。

當孩子不想停下喜歡的遊戲時，可以利用碼表或沙漏告訴孩子遊戲該結束的時間到了。同時也要告訴孩子下次什麼時候可以繼續玩，也是很有效的方法。

另外，如果家長知道孩子堅持的癥結點是什麼的話，可以一開始就先說好：「明天再穿這雙你喜歡的鞋子，為了補償你，回家時可以在〇〇玩一會兒喔！」讓孩子提前掌握接下來的行程，也能讓孩子比較容易接受妥協。

面對孩子過度執著的對應方法

●不願意停下喜歡做的事

由於亞斯伯格症孩子對於時間的感受度比較弱，很難理解還可以再玩多久時間

解決法

* 利用碼表來分割時間
* 告訴孩子做完〇〇後就能繼續玩
* 讓孩子知道以後還可以玩就能感到安心
* 使用集點制度。當孩子依約停下喜歡的事時就可以獲得點數一點。到了假日就可以使用點數來做喜歡做的事

●感到強烈的不安

孩子為了緩和自己的不安感，容易加強自我堅持

解決法

* 了解孩子不安的原因，設法減輕不安感
* 讓孩子做喜歡的事、能掌握的事，便能感到安心

●想要一成不變

不想離開自己喜歡的世界。變通力較差

解決法

* 在一開始就將必須變更的事情寫下來傳達給孩子
* 與孩子交換條件，讓孩子比較容易接受

●偏食情況非常嚴重

對於沒有接觸過的口感、氣息、味道的接受度很低

解決法

* 不要強迫孩子一定要吃下去，當孩子的精神狀態比較穩定時再讓孩子一點一點地挑戰

●依據身體狀況、環境變化，會讓孩子的堅持度增強

無法應付身體狀況、環境變化

解決法

* 每逢新學期開始、季節轉換時、星期一（假日結束後）都要特別注意孩子的情況

當孩子感到恐慌時的對應方法

所謂的恐慌是指當情緒與行為無法按耐、直接爆發的狀態。要是不分青紅皂白就喝斥孩子要他停止，只會造成反效果。請留意孩子周遭的環境安全，靜待孩子平靜下來。

不要手忙腳亂 等待孩子平靜下來

當孩子無法按照心中的想法做事、或是突然產生變化，會讓孩子陷入恐慌狀態，可能會大聲尖叫哭泣、拳打腳踢等。不過，所謂的恐慌狀態並不是一定都會大吼大叫、拳打腳踢，有時也會因為頭腦一片混亂而暫停所有的思考與行為，即使叫他也沒有反應，此時就是陷入靜止的恐慌狀態。此外，孩子要是被罵了還一副恍惚的模樣、展現出不符合當下狀況的態度時，也有可能是正處於恐慌當中。

當孩子陷入恐慌狀態時，思考能力與自我控制能力都會極端地下降。

此時，孩子完全無法理解家長的話語、也完全無法傳達自己的心情，因此，無論再怎麼想跟孩子溝通、或是斥責孩子，都不會產生任何效果。這種時候，不能再給孩子更多的刺激，只要確認好孩子周遭的環境安全，就可以在一旁靜靜等待孩子慢慢平靜下來。

雖然在孩子陷入恐慌時，跟孩子待在同一個房間裡面也可以，不過在某些狀況下父母去做別的事，讓孩子一個人冷靜下來會比較好。

等到孩子冷靜下來之後，家長可以利用容易理解的簡單字句幫孩子說出內心的感受，例如：「你覺得剛剛那樣很討厭吧！」等。

減少孩子會感到恐慌的原因

孩子之所以會陷入恐慌，是因為旁人與孩子的應對並不恰當、或是孩子的壓力指數變高所引起，一定有什麼因素讓孩子的情緒變得不穩定。

做父母的千萬不要只想著「成天都在生氣、真是麻煩的孩子」，而是必須分析會讓孩子陷入恐慌的原因，整頓好周遭環境才是最重要的事。

若是要改變計畫，一定要提前告知孩子，盡量不要讓孩子感到混亂。鼓勵孩子不以哭泣尖叫的方式傳達心情，而是引導孩子用言語好好說出自己的感受。

當孩子感到恐慌時的對應方法

怒罵或責備孩子
反而更會刺激到
他的心情

沒辦法
以言語好好說明

也可能會發生
停止思考等
靜態的恐慌狀態

思考能力
與表現能力
都很低落

進入興奮狀態後
很難讓心情平靜下來

↓

先降低外界環境的刺激，
等待孩子慢慢平靜下來

↓

等到孩子完全靜下心後，
以容易瞭解的簡單字句幫孩子說出心中的感受
如：「你覺得剛剛那樣很討厭吧！」
「剛剛覺得好難過喔！」

↓

如果可以的話，與孩子聊聊剛剛為何會陷入恐慌
（孩子也有可能會因此再度陷入恐慌，千萬要
多加留意）

製作計畫大綱

之所以要為孩子製作計畫大綱，是為了讓孩子更容易明白生活的流程。仔細思考適合孩子的每日流程，讓孩子過著有規律的生活，這麼一來情緒也能更穩定。

製作計畫表 告訴孩子一整天的流程

先為孩子決定好起床、吃飯、刷牙、換衣服、遊戲、洗澡、就寢等時間，安排好一整天的計畫表吧！注意要配合孩子的步調，剛開始時要先保留一些餘裕讓孩子能從容完成。

藉此，具體地告訴孩子日常生活中的每一個細節，讓孩子能掌握自己何時該如何做什麼。事實上，有許多亞斯伯格症孩子雖然每一個活動都可以做得很好，但卻沒辦法做到吃飯↓刷牙↓換衣服↓上廁所等一連串的活動。利用圖畫、照片、順序表等輔助工具，將這些流程明白地呈現在孩子眼前，就能幫助孩子一一達成。

當孩子成功按照順序做到每件事時，就可以給孩子一點（好寶寶點數），準備一些孩子喜歡的活動讓孩子用點數兌換，喚起孩子期待的感覺，也是個不錯的方法。比起不斷催促孩子完成眼前該做的事，不如告訴孩子：「只要做完這件事就有好玩的事情等著你唷！」更能讓孩子提高想快點完成的意願，順利讓孩子轉換心情。

當必須打斷孩子玩最喜歡的遊戲時，要明確地告訴他下次什麼時候還可以再繼續玩，這樣也能幫助孩子轉換心情。讓孩子按照順序進行一連串的活動，是教養亞斯伯格症孩子非常重要的關鍵。盡量營造出一成不變、依照固定模式的生活，就能幫助孩子的情緒穩定下來。

不過，有些孩子也會變得太過分執著於每天的固定流程，因此偶爾也要稍微改變一下生活模式，幫孩子營造出具有彈性的環境。

製作遊戲計畫表 也是重要一環

有些孩子到了遊戲時間反而會不知道該做什麼才好，纏著媽媽抱怨：「好無聊喔！」要是遇到這種情形，父母可以將在家能玩的遊戲做成一份清單，簡單明瞭地呈現在孩子眼前，讓孩子從中選擇。而這個方法對於一個遊戲還沒玩完就一直開始玩下一個遊戲的孩子，也能發揮不錯的效果。

製作計畫大綱是幫助孩子的第一步

建立起日常流程

- 製作日常生活的流程表
- 清楚標示出何時、何地、做什麼、要怎麼做
- 使用圖畫或照片讓孩子更容易了解

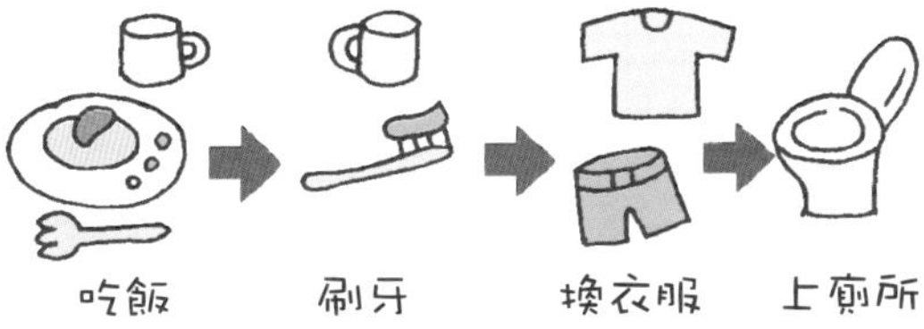

利用箭頭標示出活動的順序

現在該做的活動結束後就翻到下一頁

活動

- 以圖畫來表示
- 事先決定好地點與用品擺放的位置
- 以簡單明瞭的方式說明整理方法

玩遊戲

- 製作遊戲清單
- 從遊戲清單中選擇一項遊戲來玩，結束後要整理好，才能再開始玩下一個遊戲（不要讓孩子一個遊戲還沒結束就接著玩下一個）

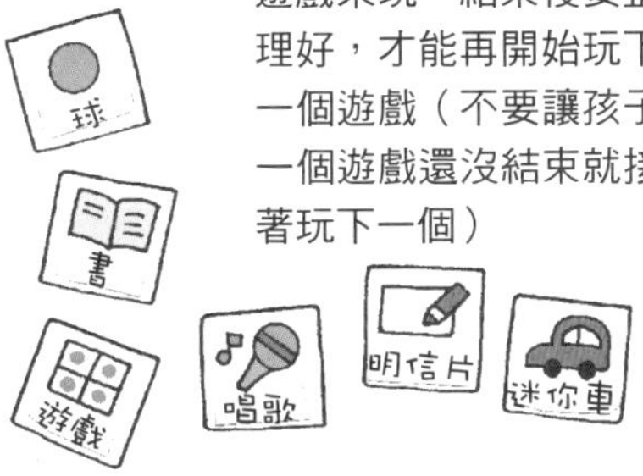

幫助孩子轉換心情

- 利用碼表與沙漏計時
- 可以的話準備小獎勵，讓孩子有所期待
- 告訴孩子下次何時還可以繼續做喜歡的事情

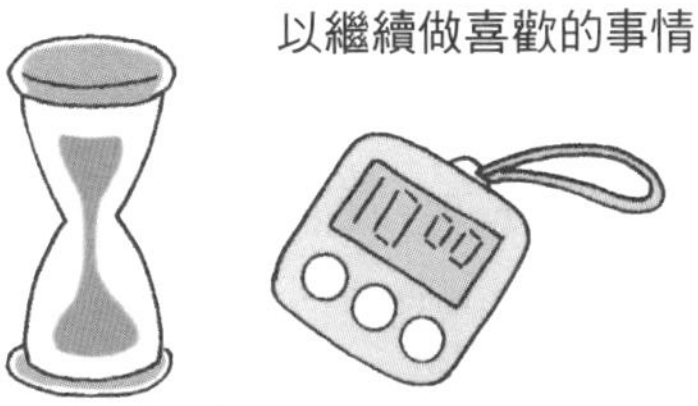

【幼兒期】

教導孩子說：「謝謝」、「對不起」、「沒關係」

亞斯伯格症孩子很不擅長將柔和的話語說出口，因此很容易被誤會是個性粗暴的人。從孩子還小的時候，就開始慢慢教導孩子學會說「謝謝」吧！

讓孩子能將心中的想法說出口

有許多亞斯伯格症孩子的語言能力不像其他同年齡的孩子成熟，而且在遭受到外界刺激時，很容易會採取反射性的行為。當孩子感到生氣時，可能會直接採取粗暴的行為、或是直接將怒火宣洩出來。家長應該從孩子還小的時候，就慢慢開始教導孩子以說話的方式將心中的想法表達出來，而不是直接用行動宣洩情緒。

因此，當爸爸媽媽遇到令人生氣的事情時，也不可以感情用事、直接發怒，請在孩子面前冷靜下來，把自己遇到的事情用言語解釋讓孩子了解。

如果家裡的大人有凡事都以溝通來解決問題的習慣，這麼一來，孩子也能耳濡目染，漸漸了解到當自己生氣時該怎麼做比較好。

教導孩子學會表達「謝謝」

有許多亞斯伯格症孩子不了解該如何使用「謝謝」、「好」、「對不起」等聽起來比較柔軟親切的詞語。

因此，無論是再小的事，只要一有機會就請多讓孩子練習說「謝謝」吧！

爸媽在家裡也要記得率先使用這些詞語作為孩子的榜樣，這點非常重要。

當孩子將「謝謝」說出口時，也別忘了要讚美孩子：「你說得真好！」

像這樣反覆練習過無數次之後，孩子也能自然而然地了解到，說出「謝謝」時自己的心情也會變好，以後就能很自然地將「謝謝」說出口了。

另外，想要讓自己的人際關係變好，與朋友說話時也不能少了「沒關係」。父母可以告訴孩子：「你如果能跟朋友說『沒關係』，朋友的心情就會變好，你們以後就可以好好相處了喔。」

再來，若是孩子能說出「對不起」，那就再好不過了。因為如果孩子能將「對不起」說出口，旁人也會比較樂意提供幫助。當孩子做錯事或是與朋友起衝突時，最好訓練孩子能直率地將「對不起」說出口。

以言語教養孩子

在家裡

當孩子幫忙拿東西、或幫家裡做事的時候，爸爸媽媽一定要記得隨時跟孩子說「謝謝」。要向孩子說謝謝時，必須先設法引起孩子的注意，再看著孩子的眼睛笑著說出口。

當爸爸媽媽彼此互動的時候，也別忘了時常向對方說謝謝喔！

「對不起」、「沒關係」等詞語也一樣，在家裡也必須有意識的多使用這些詞語。

當孩子做出家長不樂見的行為時，別急著以情緒性的字眼斥責，而是要先看著孩子的眼睛告訴他：「媽媽覺得好難過喔！」接著再理性地告訴孩子希望他該怎麼做，養成以溝通解決問題的習慣。

盡量不要使用「停下來」、「不可以」等否定字眼或命令句，而是改用比較正面積極的說法。

不可以用跑的
→要用走的喔！

你給我坐下
→坐下來吧！

在外面

當孩子玩具被拿走，感到生氣、想打人時，可以用鼓勵的方式跟孩子說：「你絕對不會亂打人對不對，你最溫柔了。」以讚美取代喝斥，讓孩子打消念頭。當孩子平靜下來後，也要記得稱讚孩子：「你剛剛努力忍耐、做得很好唷！」

接著，幫孩子說出他的心情：「你希望他把玩具還給你，對不對？」鼓勵孩子用言語來向對方表達自己的心情，而非動手動腳。

當孩子向朋友說出「對不起」、「沒關係」等詞語時，就要面帶笑容地稱讚孩子：「你說得很好唷！」

教導孩子該如何與別人相處

當孩子進入小學、慢慢升上中高年級之後，與同學之間的人際關係也會變得複雜。請家長時時留意、給予孩子適當的援助，讓孩子能慢慢適應學校生活，交到朋友。

請學校給予適當的支援

即使是一般的孩子，要突然與一群不認識的孩子一起玩，也會感到緊張失措。而對於人際關係特別沒轍的亞斯伯格症孩子更是不在話下。

因此，家長不妨試著拜託校方，如果有與孩子從幼兒園就相處得不錯的同學升上同一所小學的話，是否能安排在同一個班級中一起就讀。

尤其是亞斯伯格症當中的自我孤立型與被動型孩子，在面對陌生人群時會特別感到不安與緊張，使得壓力高升，家長可拜託老師多加留意孩子與同學的相處狀態，應該有所幫助。

依照每個階段一步一步來

對於喜歡一個人獨來獨往的自我孤立型孩子來說，在鼓勵孩子與其他孩子相處之餘，也別忘了確保孩子可以擁有屬於自己一個人的時間。

而屬於被動型的孩子，上了小學之後就會自然產生對朋友的好奇心。可是，跟其他同年齡的孩子相比，被動型孩子的交朋友技巧還不夠成熟。在剛開始的時候，可以協助孩子邀請比較合得來的同學進行1對1的遊戲，會是不錯的方法。要是被動型的孩子總是跟比較強勢的孩子在一起，很容易會感到疲憊不已，在這種時候，家長可以稍微介入孩子之間，協助孩子調整彼此的相處時間。

此外，屬於主動但乖異型的孩子則比較容易與其他同學起衝突，不過，比起跟一群同學相處，若是能找到意氣投合的朋友進行1對1相處的話就可以順利很多。家長可以邀請孩子的朋友到家裡來玩，在一旁觀察孩子們一起玩耍的情況，慢慢教導自己的孩子與人相處的潛規則與說話方式。也可以讓孩子前往資源教室，在人數較少的環境中練習與人相處，也會對於改善人際關係有很大的幫助。

有時候孩子會很想和媽媽撒嬌，而這正是對母親的親密依賴感比較晚才出現的證明。在這種時候，請多抱抱孩子、盡情接受孩子的撒嬌吧！

先從 1 對 1 開始會比較容易交到朋友

自我孤立型

在教室裡一個人獨來獨往

→ 確保孩子擁有自己一個人的時間

被動型

- 若是別人先主動找自己就可以融入對方，但無法自己主動找別人玩
- 很難一下子就跟很多人一起玩遊戲

← 首先先以 1 對 1 的方式與同學玩遊戲

積極但乖異型

雖然很想與大家互動，卻容易淪為單方面的示好

→ 先以 1 對 1 的方式玩遊戲

教導孩子相處方法、說話方式、向人搭話的技巧

讓孩子先在人數較少的地方練習

- 資源教室（每週約上 1 次課，屬於人數較少的團體課程，為特殊教育的一環）
- 參加童軍活動。有些亞斯伯格孩子很適合參與這種具有完善規劃的活動
- 療育機構的社交技巧訓練課程（Social Skill Training）

【學齡期】

教導孩子與人溝通的方法

請家長正確掌握孩子在溝通方面感到困難的部分，巧妙地幫助孩子修正溝通時的方法吧！在家裡的時候也要多跟孩子說話聊天，最重要的是要讓孩子能有機會練習對話。

正確掌握孩子獨有的特徵

家長可在孩子們放學後，邀請平時與孩子相處得不錯的朋友們來家裡玩，製造孩子與朋友在家玩遊戲的機會。

只要仔細觀察孩子與朋友在遊戲時彼此互動的狀況，就能了解孩子在溝通上有哪方面的缺失。舉例來說，可能會出現孩子只想玩自己想玩的遊戲、不配合對方的情況，或是反過來對對方言聽計從、無法表達自己的心情，也可能無法用言語好好表達自己的不滿、甚至只會哭泣等狀況。

只要發現了孩子在溝通上會出現哪些問題，就可以訂立作戰計畫，教導孩子在遇到何種情況可以怎麼表達。

從基本的詞語開始練習起

首先，請帶著孩子練習說「謝謝」，接下來要學會的是「沒關係」、「對不起」等日常用語。

雖然剛開始孩子可能只是在形式上說出這些詞語而已，不過孩子一定可以漸漸學會該如何妥善運用。

另外，若是屬於自我孤立型或被動型的孩子，遇到自己被勉強做不想做的事情時，也無法直接說出「不要」，而常會選擇默默忍耐。一定要教導孩子了解，說出「不要」、「停下來」也是很重要的溝通手段。如果孩子能進一步學會在說出「不要」時，同時也做出生氣的表情就更好了。

此外，孩子在與人相處時若是遇到不順利或不了解對方意圖時，也要學會向別人求助的技巧，適時地說出「請協助我」、「請告訴我」等等。

屬於亞斯伯格症被動型的孩子，就算遇到了困難，周遭的人也很難察覺。因此對這類型的孩子而言，學會以言語尋求協助是非常重要的一環。

要是對孩子來說，以言語表達實在太困難，也可以準備好上面寫有「請協助我」、「請告訴我」、「請幫我」等字句的卡片，與孩子一起練習該如何在哪些場合下使用這些卡片，也是不錯的方法。

與孩子一起反覆練習基本的詞語吧！

有許多孩子在 1 對 1 的情況下可以順利說話，但若是遇到 3 人以上的場合就無法好好表達。有可能是因為考慮到有許多人在身邊而難以把心中的想法說出口，這樣的孩子也不在少數。

先練習說出這些話語吧！

謝謝

表達自己的謝意，能讓對方的心情變開朗。

沒關係

只要告訴對方沒關係，對方的心情就會變得比較開心。

對不起

就算不是自己的錯，若能說出對不起也比較容易與朋友和好。

也要學會使用「不要」、「停下來」

當孩子被迫接受不喜歡的事情，卻無法直接說出不要而默默忍耐的話，就很有可能在回到家後亂發脾氣、心情不好。請教導孩子能夠在遇到不喜歡的事時直接說出「不要」、「停下來」，再做出不愉快的表情會更好。

「請協助我」、「請告訴我」也很重要

孩子必須練習當遇到困難、不知道該如何是好時，該如何向旁人求助的技巧。

當孩子感到恐慌時的對應方法

讓孩子避免產生恐慌的前提是，必須為孩子打造出不會發生恐慌事態的環境。同時也要先預備好避難場所，讓孩子在快要陷入恐慌狀態時可以前往冷靜心情，也可以達到預防的效果。

藉由能躲避的場所防止孩子陷入恐慌

一旦孩子陷入恐慌狀態，就會無法順利掌控自己的情感與思緒。因此，無論是家庭或學校都必須調整成適合的環境，盡量別讓孩子陷入恐慌狀態。

在家庭內可以將孩子的房間打點成能使心情平靜下來的環境。

而在學校方面，必須先確認有一個讓孩子在情緒即將爆發時可以遠離的場所，如此一來孩子就能感到比較安心。

當孩子了解到只要在當下離開現場，就能讓自己避免陷入恐慌狀態，累積了經驗後，也能慢慢培養出掌控自己情緒的技巧。

所謂的避難場所可以是保健室或圖書室等，有大人在、可以確保孩子安全的地方會比較好。

請事先告訴孩子：「當你覺得難受的時候，隨時都可以過來這裡唷！等到你的心情恢復平靜之後再回到教室就可以了。」

此外，當孩子累積了過多壓力導致心情低落、疲憊等時刻，也必須向學校請假在家裡好好休息。

由於疲憊感累積久了也會導致孩子陷入恐慌狀態，因此平時一定要留意孩子的狀態。

設法減少可能會陷入恐慌的因素

有時候，同班同學的言談舉止也會引起孩子陷入恐慌狀態。家長可以考慮事先告訴班上的老師與同學關於孩子的狀況；要是孩子容易在某位特定老師的課堂上陷入恐慌的話，也必須及早思考解決對策。

若是孩子在與兄弟姊妹相處的時候會產生恐慌感，則必須讓兄弟姊妹的行為有所改變，以具體的方式告訴孩子的兄弟姊妹該如何與他相處。

只要讓周遭的人對應方式有所改變，應該就可以大幅減少孩子陷入恐慌狀態的頻率了。

預防孩子陷入恐慌狀態可以這樣做

預備好能遠離的場所

讓孩子知道自己有可以躲起來的地方，就能感到安心

在家裡

可以抱著柔軟的抱枕、避開強烈光線與音量，躲在棉被裡面等等，找到適合孩子的方法。

↓ 孩子的房間

在學校

事先告訴孩子：「覺得難受的時候可以過來這裡，等到你覺得恢復平靜之後再回教室就好。」

↓ 保健室或圖書室

※ 可以讓孩子隨身攜帶卡片，當孩子感覺快要陷入恐慌狀態、或是想要回到教室時，就可以出示卡片告知別人自己的狀態。

周遭旁人的對應方式

若是身旁的人態度能有所轉變，孩子就比較不容易陷入恐慌狀態

孩子的同班同學

事先叮嚀孩子的同學：「不要邀約他去玩不擅長的運動或遊戲唷！」、「當他突然離開教室的時候先暫時靜觀其變吧！」等等，讓同學了解孩子的特質。

老師

向老師說明孩子的狀態與特質，請老師予以協助。

- 請老師對孩子做出簡單易懂的具體指示
- 早一點告訴孩子接下來的行程
- 不要怒罵孩子

兄弟姊妹

告訴其他兄弟姊妹有關孩子做得到與做不到的事項，讓大家理解他的特質。

【學齡期】

教導孩子該如何表現出自己的情緒

由於亞斯伯格症的孩子沒辦法好好傳達出自己的情緒，因此經常會遭到誤解。請家長幫助孩子一起練習了解及表達自己的情緒。

常不了解自己的心情

雖然乍看之下亞斯伯格症的孩子似乎無話不談，但其實卻非常不擅長以言語表達自己的心情與想法。

尤其是對於別人詢問「為什麼會變成這樣呢？」、「你那時候是什麼感覺呢？」等問題，亞斯伯格症的孩子幾乎都無法好好回答。

由於亞斯伯格症孩子無法以言語完整表達出自己的情緒，因此有時候會發生累積已久的情緒突然爆發的情形。

一般來說，普通的孩子都能掌握分辨自己現在的心情是開心、難過、還是生氣，也了解該如何把自己的情緒表現出來。

但是，對亞斯伯格症的孩子而言，在當下自己心中湧現出的情緒，究竟是屬於憤怒、不安、還是寂寞等，常常連自己也搞不清楚。換句話說，亞斯伯格症孩子不只無法同理別人的心情，就連自己的心情也無法了解、難以將自己的情緒表現在行為上。

進行用言語表達當下心情的練習

首先，請先從告訴孩子心情分為許多種類、每一種心情都有其名稱等開始教起。接下來，也必須讓孩子學會該如何將自己當下的情緒表現出來。

比如說，可以隨時告訴孩子「開心的感覺就像現在這樣喔」、「要是發生了這樣的事心情就會變得悲傷」等等，將孩子當下的感受與相對應的名稱連結起來，與孩子一起練習將情緒用言語表達出來。

為了讓孩子學會每個情緒的意義，利用下一頁的心情卡片就能讓孩子更容易理解。

當孩子內心湧現情緒時，不要只是沉默或哭泣，而是盡量鼓勵孩子從心情卡片中選出自己當下的心情、拿出來給別人看。

接下來，必須訓練孩子以言語表達自己內心的感受，例如：「因為弟弟拿走了我的積木，所以我覺得很生氣。」等等。

讓孩子能表達出自己的情緒

若希望孩子能表達出自己當下是什麼樣的心情，首先必須先讓孩子了解代表每一個心情的詞語是什麼。

「像這種時候就是開心」

「悲傷就是這種感覺」

像這樣，讓孩子多練習把自己當下的心情用言語表達出來。

而接下來的步驟，便可以使用下方的心情卡片，鼓勵孩子從中選擇出自己當下感受到的情緒。

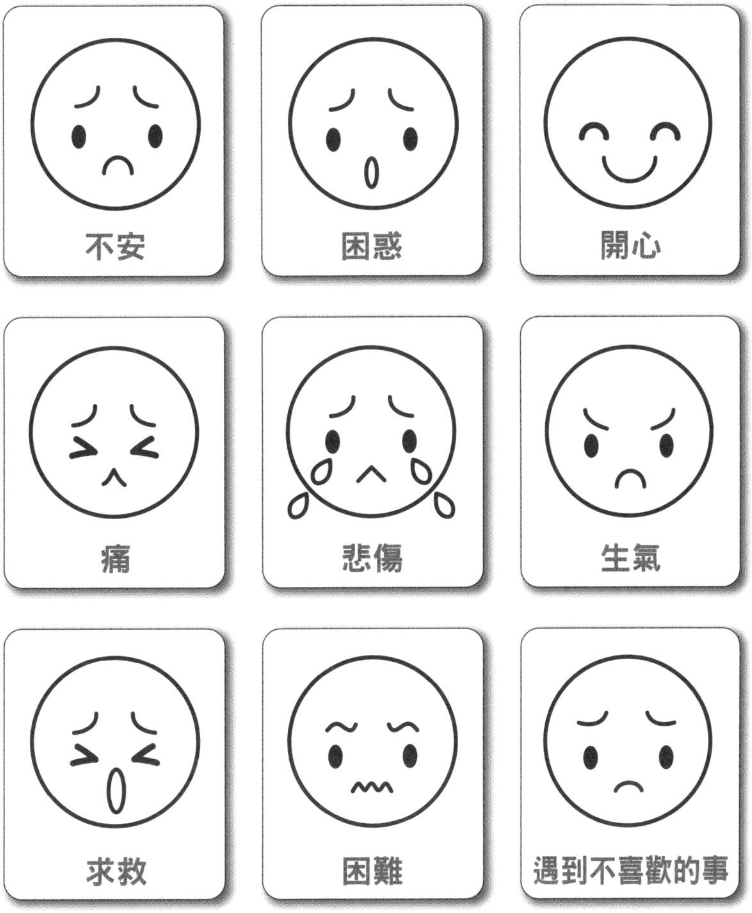

當孩子在「憤怒」、「哭泣」、「沉默」時，鼓勵孩子選出符合自己當下心情的卡片、出示給大人看。

並且以此為契機，慢慢耐心聆聽孩子心中的話。

【學齡期】

親子之間保持和諧的溝通情境

亞斯伯格症的孩子常會以直接、語帶攻擊的方式來說話。孩子並不是故意的，請先試著接受孩子當下的情緒吧！

避免與孩子產生言語爭執或唱反調

在亞斯伯格症的孩子當中，有不少人是屬於伶牙俐齒、喜歡跟別人唱反調的類型。

當孩子的言語總是帶有攻擊性、或是過度主張自己的意見時，父母總不免會感到心浮氣躁，忍不住開始與孩子爭論。這麼一來，被激怒的孩子就會更唱反調，親子之間陷入沒完沒了的爭論之中。

但是，在大多數的情況下，其實孩子並非有意要以言語攻擊父母，反而是一種拚命想要向父母傳達出「拜託多了解我一點」、「請接納我」的表現。

正因為孩子並非故意語帶攻擊，因此只要把孩子想成只是單純不擅溝通，應對起來就容易多了。了解這點之後，再有這類情況發生時，只需告訴孩子：「我已經知道你是這樣想了，」千萬不要在孩子說完話後立刻接著說：「可是……」避免與孩子發生爭執是最重要的事。

避免對孩子使用否定的字眼

亞斯伯格症的孩子對於別人說的話非常敏感。

明明自己也說出了同樣的話，亞斯伯格症孩子卻無法察覺到自己的不對。這是因為亞斯伯格症孩子不能站在對方的立場思考，而容易陷入自己是被害者的角色中。

因此，在與亞斯伯格症孩子說話時，必須注意下列幾點。

- 直接說出本意、不拐彎抹角，讓孩子直接可以聽懂的話（不可以挖苦或比喻）。
- 盡量冷靜地說話（要是聲音太大，會讓孩子誤以為自己被斥責，而無法理解言語中的內容）
- 說教時不要長篇大論、文字也盡量簡潔有力。
- 不要使用「不可以」，而是轉換成正面的語氣說成：「這樣做會比較好。」

避免使用容易引起誤會的言語及否定的字眼

亞斯伯格症孩子在聆聽別人說話時的特徵	家長的說話方式必須花點心思
●無法完全理解長篇大論 不擅長掌握文章、脈絡	●盡量以簡潔的方式說話 說得簡單易懂
●會把別人的話全部當真 無法理解玩笑話或是嘲諷	●直接說出本意、不拐彎抹角 （不可以挖苦或比喻）
●無法判斷言外之意 很難正確掌握言外之意與真正的意圖	●說話具體
●無法從對方的語調或表情中正確掌握訊息	●用書寫來表達會比較有效

亞斯伯格症孩子在說話時的特徵	家長在聆聽時必須花點心思
●使用艱難的詞彙與表達方式	●全部理解內容後，勿給孩子過度評價
●說話方式墨守成規	●雖然會有點心浮氣躁，但不要太在意
●自我色彩強烈的用字遣詞	●以不經意的語氣糾正孩子，例如「你是說～吧！」
●拘泥於形式上的細節	●若是以大方向幫孩子整理說話的內容，反而會讓孩子感到混亂
●不會說出內心的感受	●鼓勵孩子在腦中思考自己的心境 （說出地點和狀況）
●不會調整語調的抑揚頓挫、音量大小、語氣等	●音量方面可告訴孩子「以滿分 10 分的音量來說」，提醒孩子調整
●只針對自己有興趣的事物喋喋不休	●當孩子講太久時，可以跟孩子說「我已經聽你說 20 分鐘了喔！」

具體地告訴孩子該做的事情

即使是一般人覺得理所當然的事情，對於亞斯伯格孩子而言還是很容易誤解、甚至是完全不能理解。千萬不要以為不用說孩子也會懂，一項一項告訴孩子該做的事情吧！

徹底探究孩子理解的程度

亞斯伯格症的孩子很難掌握在什麼時間該做什麼事，尤其不擅長從經驗中學習。

可是，亞斯伯格症孩子對於自己有興趣的事物，卻會擁有比常人多一倍的知識，再加上伶牙俐齒的特質，因此周遭的人都很難察覺到其實亞斯伯格孩子對於很多事情都不甚了解。

因此，家長一定要徹底探究孩子究竟對事物的理解程度有多少、而又有哪些是孩子不甚了解的部分。

不僅如此，無法舉一反三也是亞斯伯格症孩子的特質之一。當孩子學會一件事情，若是之後再遇到類似的情形，要孩子採取同樣的對策來解決是極難辦到的。所以千萬不要以為有些事不必特別解釋、孩子應該也會明白，一定要一項一項仔細地告訴孩子該怎麼做才好。

與學校有關的事項 必須請老師共同協助

像是平時應該遵從老師的指示、學習的方法、作業的做法、隔天應準備的事項等，只要老師一聲令下其他學生都可完全理解掌握的事情，對於亞斯伯格症孩子來說，卻無法全盤理解。因此只要是關於學校的事，請家長先向老師請教具體的解決辦法。幾乎所有的亞斯伯格孩子只要了解每件事情該怎麼做，其實都可以做得很好。

此外，有些亞斯伯格孩子會以過度服從的心態來看待學校的規則，因此再向孩子說明該怎麼做的時候，可以用比較寬鬆一點的語氣來向孩子解釋，例如：「在你可以做到的範圍內做～就可以了。」

而當孩子非常疲倦、身體狀況很差，卻還是想努力完成學校作業的話，則必須告訴孩子：「在這種時候不做也沒關係唷！」這點非常重要。不過，就算知道自己有哪些事情該做，卻因為不擅轉換心情而做不到的孩子也不在少數。請參考下一頁的說明，幫孩子培養出可轉換心情的能力。

具體地告訴孩子該做的事情→只要孩子理解就可以做得到

利用行程表、計畫表具體地告訴孩子接下來該做的事情

使用日曆

3月

日	月	火	水	木	金	土
		~~1~~ 作業	~~2~~ 朗讀	~~3~~ 朗讀	~~4~~ 體育服	5
6	7 把信交給老師	8	9	10	11	12
13	14	15	16	17	18	19
20	21	22	23	24	25	26
27	28	29	30	31		

由於亞斯伯格孩子對於日期、禮拜幾的感覺比較薄弱，可以將預定的計畫寫在大大的日曆上，完成後再以斜線刪除。

先向老師具體地請教作業的寫法及隔天該準備的事項，並一一寫進行程表或日曆中，讓每一件該做的事情都變得明確易懂。

培養孩子「轉換心情」的能力

有許多亞斯伯格孩子很不擅長從喜歡的事情中抽離去做不喜歡的事。
請家長幫助孩子培養出能從喜歡的事情中「專換心情」的能力吧！

提前向孩子預告

提前告知孩子可以做到什麼時候、何時該結束。

準備清楚易懂的指標

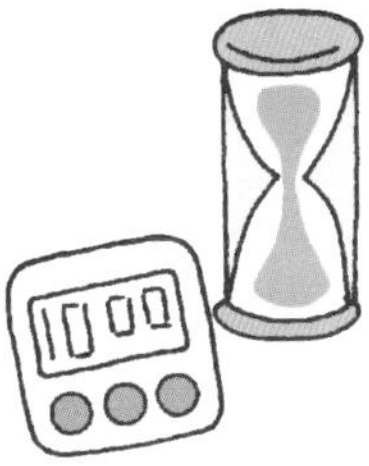

為了讓孩子更容易掌握時間，可以利用碼表、沙漏等工具。

為該做的事賦予動機

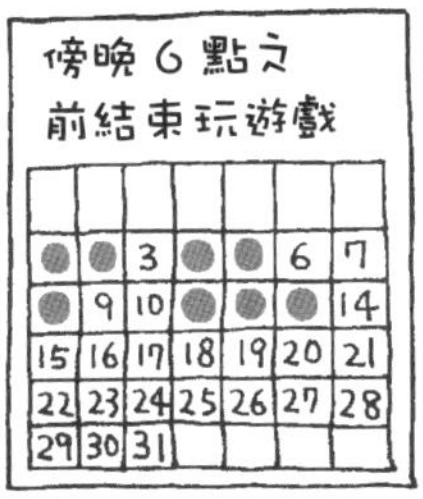

孩子達成目標給1點，集滿10點後，可以得到在週末時使用15分鐘的遊戲券。

讓孩子知道接下來何時可以繼續

只要知道之後還可以繼續做喜歡的事，孩子便能感到安心。

【學齡期】

以書寫的方式教導孩子

亞斯伯格孩子習慣以視覺來思考，也就是說，比起從耳朵聽見、若是能親眼所見會比較容易理解吸收。因此，在有事想要傳達給孩子時，以書寫的方式傳達會更有效果。

在書寫的同時向孩子說明會更容易理解

對於亞斯伯格症孩子來說，比起直接用說的方式、把要說的文字書寫下來會更容易理解，這也是亞斯伯格症的特質之一。而且有許多例子是，孩子只對聽到的一部分特別有反應，而只執著於那部分，其實並沒有完整理解全部的話語。

因此，比起用說的方式，還是選擇以書寫的方式對孩子說明會比較好。而且這麼一來，說明的步調也會比較緩慢，讓孩子比較容易跟上、理解。

把事情的經過寫下來反覆觀看也有另一個好處，那就是可以讓孩子深入思考，比起光是聽大人說，這麼做更能加深孩子的理解程度。

遇到糾紛也以畫圖方式來說明

有許多孩子就算在學校與別人發生糾紛，也很難好好把事情的經過條理分明地說清楚。遇到這種時候，請家長仔細詢問孩子事情的經過，再以畫畫的方式還原現場給孩子看。

「然後○○同學又是怎麼說呢？」像這樣在詢問孩子時要以不慌不忙的口吻配合孩子的步調。

接著，把對方說的話與孩子說的話都分別寫下來，「這句話的意思是這樣喔！」、「說不定○○同學是抱著這種心情才會對你說那些話的呢！」，一一向孩子解釋每句對話的含意。

同時，不只要把雙方當下的話語都寫出來，還要把雙方的心情也一併寫進圖畫裡，這麼一來孩子就更能了解對方的意思了。像這樣利用文字與圖畫來向孩子解釋、同時還原當時的現場，孩子也比較容易理解問題出在哪裡、該怎麼解決會比較好。

家長也可以同時建議孩子：「下次再遇到這樣的事情時，你可以這樣說。」

若能像這樣做好準備，應該就可以大幅降低孩子因發怒陷入恐慌狀態的頻率，讓孩子的狀況變得越來越穩定。

以書寫的方式傳達較容易理解→孩子理解之後便能感到安心

漫畫對話

當孩子玩躲避球時與朋友發生爭執，回到家之後……

將孩子與對方的對話以對話框的方式重現出來。而彼此當下的心情則以  來表現，在事後進行回顧。

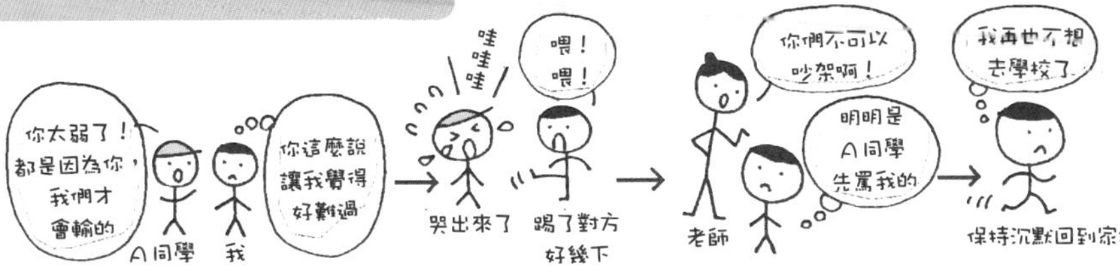

只要明白該怎麼做就能安心

以顏色來表現音量的大小

一邊書寫一邊向孩子分析

與A同學吵架的經過

有時候就算詢問孩子究竟發生什麼事，卻常會遇到孩子無法表達清楚的情況。只要一一把經過寫下來，就比較容易還原事發經過。

明明我什麼也沒做，A同學卻踢了我……

媽媽　「什麼時候？」
我　「午休的時候」
媽媽　「在做什麼的時候呢？」
我　「那時是打掃時間」
媽媽　「那你做了什麼呢？」
我　「我在看走廊上布置的畫」
媽媽　「那其他人在做什麼呢？」
我　「其他人在打掃」
媽媽　「為什麼A同學要踢你呢？」
我　「我明明什麼都沒做啊」
媽媽　「你不是應該也要打掃才對嗎？」
我　「說的也是」
媽媽　「A同學可能是因為你沒有在打掃而生氣，所以才踢你的喔！」

建立作業流程

有時候孩子在融入團體生活的過程中可能會太過疲憊或過度努力，而引起身體狀況不適。但很多孩子即使感到辛苦，卻無法好好向父母傳達感受，因此一定要多加留意、從旁守護孩子。

從學校回家後先讓孩子好好休息

對亞斯伯格症的孩子而言，安排好每天的流程非常重要。雖然一般來說孩子放學回家後最好立刻寫作業，不過由於亞斯伯格症的孩子很容易對團體生活感到疲憊，因此回家後必須先好好休息。

尤其是自我孤立型與被動型的孩子，不擅以言語表達出自己的需求，像是「我累了」、「現在想要好好放鬆」都無法說出口，只會依照自己的方式對大人要求照單全收。特別是小學中年級以下的孩子這樣的傾向最為強烈，請家長務必要多加留意。

而這樣的孩子即使遇到難受的事，也完全想不到可以與父母親商量。壓力累積得越來越多的情況下，疲憊不已的孩子就有可能再也不願意去上學了。

作業與隔天的準備都要事先建立好流程

孩子上了小學之後，無論是作業的寫法或準備隔天上課必需品的方法，都需要為孩子建立起一套流程。

亞斯伯格症的孩子很容易沉迷在電動等自己喜歡的事物上，而把該做的作業一拖再拖。舉例來說，先決定好開始寫作業的時間，便可以利用點數制度來提升孩子寫作業的動機。如果孩子能夠按照規定的時間開始寫作業即可獲得1點，在目標時間內順利完成作業則又可以再獲得1點，在開始與結束時都有機會可以獲得點數。只要累積到5點，就可以額外給予孩子想要的點心等獎賞。

此外，在準備學校所需物品時，方法也要盡量越簡單越好，最重要的是要幫孩子規劃好清楚易懂的整理方式，如果能善用照片、貼紙、收納抽屜櫃、透明盒等工具來規畫物品的擺放位置會更好。

而整理環境方面也要先決定好簡單的規則，剛開始可以藉由親子一起動手收拾來告訴孩子該怎麼做。

先決定好簡單易懂的方法

準備學校所需物品的方法

塑膠隔間抽屜櫃

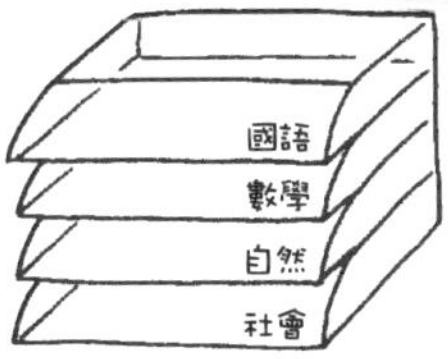

依照學科分門別類

鉛筆盒

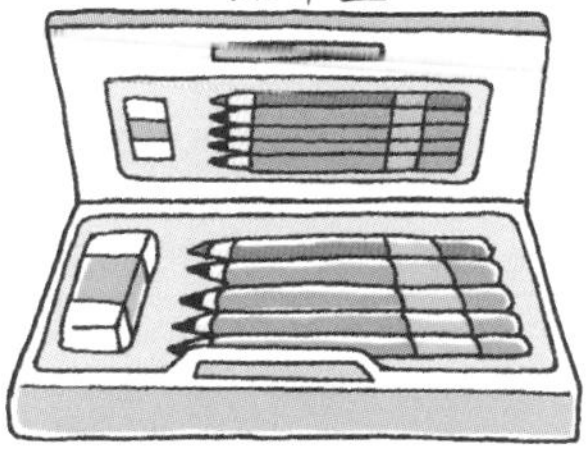

將擺放方式拍照下來
貼在鉛筆盒上

透明夾鏈袋

同一科裝在
相同的資料夾

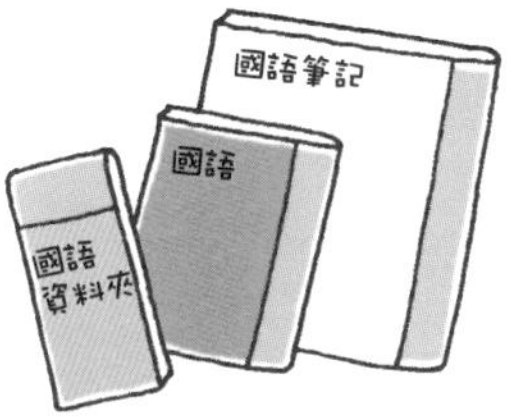

同一種學科的教材
以同樣的顏色標示區分

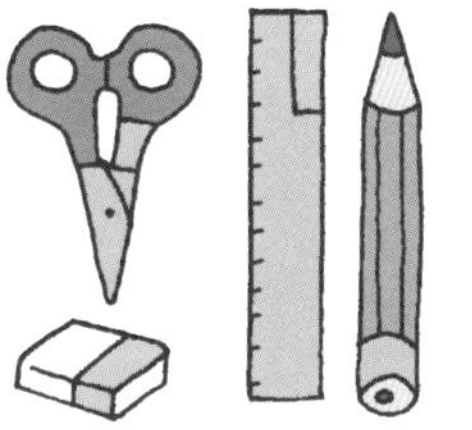

將文具貼上孩子喜歡的色彩，
便能輕易區分出
屬於自己的物品

整理方式

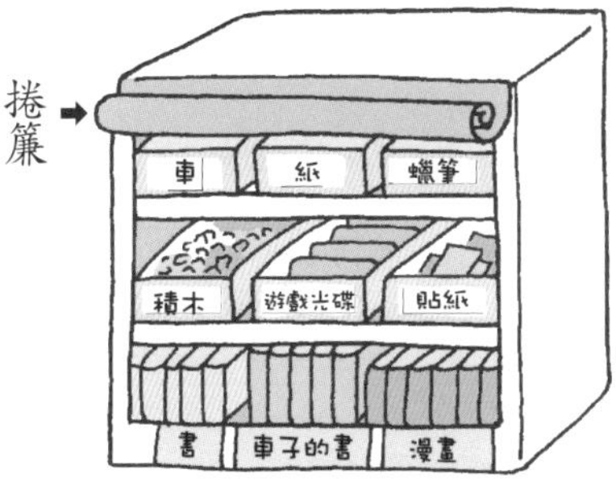

將所有玩具都集中放在
同一個收納箱，
除了遊戲時間以外，
都要將捲簾拉下蓋住收納箱

難受、疲憊時的告知方式

為孩子準備好上面寫有「煩惱」、
「疲累」、「發生討厭的事」
等詞語的卡片，當孩子有需要時
就可以直接出示給家長看

教導孩子與別人相處時的潛規則

在教導孩子該如何與別人相處時，若能妥善運用「社會性故事 Social Story」的方法會很有成效。寫下簡單易懂的句子，清楚地告訴孩子別人會有什麼樣的感受、在哪些狀況下該採取什麼樣的行動等，便能讓孩子更容易理解。

利用簡短的字句 清楚明瞭地教導孩子

社會性故事是由凱蘿・葛瑞（Carol Gray）所設計能讓孩子學習到社交技巧的方法之一。對患有自閉症ASD的孩子們而言，這是一種可以利用文章短句來學會社交技巧與了解自己行為意義的一種方法。

在書寫社會性故事時，一定要按照下列的重點來著手。

① 採用簡短的字句

② 將常識性的行為、希望孩子採取的行動、該怎麼做比較好等寫下來

③ 將對方會產生的想法寫下來

④ 將自己會產生什麼樣的心情寫下來

利用社會性故事，可以讓孩子理解周遭旁人的想法、自己該怎麼做才能跟旁人和睦相處、又該怎麼做才能讓自己感到愉快等。

告訴孩子 每個狀況可能會有所不同

採用社會性故事的方法時，必須配合孩子的年齡及理解力來做出些微的調整。

此外，也別忘了要讓孩子明白，並不是隨時隨地都會是一樣的情境，有時候也會有例外發生，不同的對象也會有不同的反應等等。

因此在書寫社會性故事時，建議使用「這種情況很常見～」、「很多人會這樣想～」等比較客觀的語氣，不要以斷定的口吻來書寫。

由於亞斯伯格症孩子不擅長判斷委婉的說法，要是遇到有比較多可能性的場景時，最好把大概的機率也寫出來，便能幫助孩子更容易理解。

不過，要是把各式各樣孩子該做的事全部都寫進社會性故事中，寫得太多也會讓孩子感到厭煩。

請家長擷取出最想傳達給孩子的重點，簡潔明瞭地寫進社會性故事當中吧！

社會性故事（Social Story）

書寫句子時的重點！

1. 採用簡短的字句
2. 將常識性的行為、希望孩子採取的行動、該怎麼做比較好等寫下來
3. 將對方會產生的想法寫下來
4. 將自己會產生什麼樣的心情寫下來

GOOD！

- 我有時候會想要玩別人手上正在玩的玩具。
- 在這種時候要試著向對方說：「可以借我玩嗎？」
- 有時候對方會回答我：「好啊！」將玩具借給我玩。
- 不過當對方還想繼續玩的時候，就會跟我說：「不行。」
- 在這種時候，要跟對方說：「那等你玩完了再借我玩吧。」
- 我先去玩別的玩具。
- 等到對方跟我說：「這個玩具可以給你玩了。」我再去玩那個玩具。
- 不要直接從對方手上把玩具拿走，而是要等對方主動拿給我比較好。
- 只要能跟其他小朋友和諧地一起玩遊戲，我就會覺得很開心。

NG！

我有時候會想要玩別人手上正在玩的玩具。

在這種時候，不可以把別人手上的玩具直接拿走。

↑不可使用否定句。
　這會在孩子心中留下深刻印象。

只要向對方說「可以借我玩嗎？」就可以借到玩具。

↑由於並不是任何時候都一定可以借到
　玩具，因此不要以斷定的口吻書寫。

一定要按照順序才可以玩玩具。

★全部都是硬性規定，而沒有採用建議口吻的字句，例如「～會比較好」。
★沒有表現出孩子心情的字句
★對孩子來說，看到這樣的字句會產生被強迫的心情。

【青春期】

教導孩子該如何與朋友進行溝通

雖然亞斯伯格症的孩子乍看之下似乎經常喋喋不休，不過卻無法與別人進行有效的溝通，這種例子屢見不鮮。請家長教導孩子能與別人進行愉快對話的訣竅吧！

讓孩子能掌握自己的問題

對亞斯伯格孩子來說，要一直保持沉默聆聽朋友說話是一件很困難的事。明明對方還正在說話，亞斯伯格孩子卻會若無其事地直接打斷對方，開始自顧自地說得口沫橫飛；不僅如此，說話時還會不斷跳到新的話題，結果讓大家搞不清楚他到底想表達什麼。此外也經常會說一些無關緊要的內容，而使別人感到不快。這樣一來，朋友們會感到不悅也是理所當然。

因此，家長有必要讓孩子察覺到自己在溝通方面的毛病，同時也應協助孩子一起改善，告訴孩子要是繼續這樣下去的話，總有一天會被大家討厭。

請家長成為孩子在溝通方面的練習對象，告訴孩子什麼情況下該怎麼做，具體地給予孩子溝通上的建議。無須擔心會傷到孩子的自尊，因為這麼做對亞斯伯格孩子來說並不會感到不快。

讓孩子記住回話與應答的技巧

首先，要從靜靜聆聽對方說話開始練習，不要一個人自顧自地說個不停。

為了讓孩子能做到聆聽，必須先教導孩子一些基本的應答用語。例如：「哦～」、「原來如此。」、「然後呢？」若能像這樣鼓勵對方繼續說下去，就能讓身邊的人抱著愉快的心情繼續說話。一開始只要能讓孩子做出類似點頭的回應就夠了。當孩子能夠做到不打斷別人、持續聆聽的話，別忘了要好好稱讚孩子做得很好。

接下來，就要讓孩子學著能以對方感興趣的話題主動向對方搭話，因為不管是任何人，都會喜歡聊聊自己感興趣的事物。只要孩子能做到這點，相信對方也許也能察覺到「咦？你好像變得跟以前不太一樣了喔！」

此外，也要讓孩子養成習慣，在自己開始說話之前先花一口氣的時間想想，現在是適合自己發言的時間點嗎？接下來要說的內容沒問題嗎？會不會讓別人感到心情不好呢？像這樣在心中先思考過後再將話語說出口。

亞斯伯格症孩子在對話時的特徵

不擅長集中精神
聽別人講話

不停展開新話題，
讓大家不知道
他究竟想要
表達什麼

沒有在聽
別人說話

打斷
別人說話

自顧自地
一直說自己
感興趣的事物

心裡想到什麼事
就立刻說出口

明明不是輪到自己
發言的時機，
卻突兀地插嘴

不擅長
加入別人的
對話與討論

喜歡說些
無關緊要的話

【青春期】

教導孩子關於人際關係的種種

當孩子進入青春期之後，人際關係會變得比以往更加複雜，而孩子本身也會開始察覺到自己與別人的不同，而讓青春期的煩惱變得更沉重。

無法與大家打成一片而被孤立

當孩子進入青春期之後，同儕意識就會變強烈，大家都會紛紛找到自己氣味相投的夥伴、或是在社團中結交到好友等，形成各種小團體。

但是，由於亞斯伯格症孩子常會跟不上大家的話題、或是聽不懂玩笑話，而無法加入別人的小團體，只能在班級內獨來獨往，對於為何自己總是交不到朋友而感到煩惱，而漸漸喪失自信。不僅如此，也很可能被大家覺得是不會察言觀色的怪人，而成為被霸凌的對象。

當家長懷疑自己的孩子被霸凌時，必須試著詢問導師或學校裡的心理諮商師，務必要與學校一起合作解決問題。當孩子似乎很難受時，就讓孩子在家好好休息，一定要時時告訴孩子：「不管什麼時候爸媽都是你的後盾。」

避免孩子被不好的朋友引誘

當孩子太想交到朋友、加入別人的小團體時，便很有可能對壞朋友的話照單全收、言聽計從。有時候也會因為被看穿他無法對別人說「不」，而硬是逼他去做心中不願意的事。

有些人可能會對他說：「大家都是好夥伴，你當然也要去做啊！」而促使他去偷竊物品；又或者跟他說：「我錢包掉了，真煩！」而要他把錢拿出來等等，這種例子也不在少數。

亞斯伯格症的孩子很容易對別人的話語照單全收，而無法辨別出話語的內容是謊言還是出於惡意。而且，只要對他說：「絕對不要告訴別人！」亞斯伯格症的孩子就一定會非常認真地遵守約定。

因此，希望家長一定要及早與孩子建立起良好的溝通關係，讓孩子能在遇到煩惱時願意向父母傾訴。

不僅如此，家長也必須和學校老師形成緊密的互動，務必要多花點心思注意孩子的人際關係。

巧妙地聆聽孩子的煩惱

**就算只是聆聽孩子的煩惱，孩子的心情也能因此而獲得平靜。
讓孩子了解到「只要當自己遇到困難時，爸媽一定會幫助我」，
孩子便能感到安心，同時對自己產生自信。**

在安靜的房間內

要是房間裡還有其他兄弟姊妹，孩子便會無法靜下心來好好訴說煩惱。找一個安靜的房間，一對一聆聽孩子說話吧！

準備書寫的工具

一邊聆聽孩子說話、一邊將孩子的煩惱寫下來，別忘了隨時向孩子確認內容無誤。利用書寫的方式可以更容易釐清問題，也更容易針對問題點思考。

替換聆聽對象

依照孩子的煩惱，偶爾替換聆聽的對象也是一種很有效的方法。孩子到了青春期的年紀，跟父母比起來，也許請專業諮詢者、或是爺爺奶奶、堂表兄姊等人來聆聽孩子說話會更好。

不要妄下判斷

當孩子想要傾訴心中的煩惱時，千萬不要一味指責孩子：「都是因為你不好。」避免說出隨意判斷孩子的字眼。

不要以命令語氣質問孩子

要是父母總是以「你給我好好說清楚」、「你到底想說什麼？」這種命令的語氣質問孩子，孩子會以為自己被斥責，而吞下想說的話。

當孩子感到困擾時與孩子好好聊聊

當孩子沒有想要傾訴煩惱、決定自己努力嘗試看看的時候，父母只要在一旁靜靜守護孩子就好。要是在這種時候硬是要問孩子：「你還好嗎？」「你一個人做得到嗎？」等，孩子可能會覺得被父母過度干涉自己的生活。讓孩子自己學著解決問題的同時，父母也別忘了要展現出隨時歡迎孩子過來聊聊的態度喔！

提醒孩子在戀愛時必須注意的地方

當孩子進入青春期，也會開始對異性表現出關心。不過，卻不知道該如何表達自己的心意，無法壓抑自己的情感很有可能做出失控的事。在家裡與孩子好好聊一聊關於這方面的話題吧！

有可能會錯意或做出失控的行為

一般來說，進入青春期的孩子要是喜歡上了別人，可能會在心裡猜測對方是如何看待自己，默默將心事藏起。但是，對於某些亞斯伯格症的孩子來說，由於不擅長推測別人的心意，很有可能單方面地將自己的情感強行加諸在別人身上。別人只不過對自己稍微友善一點，亞斯伯格症的孩子卻可能誤以為別人對自己抱有好感，或者是絲毫沒有察覺到對方可能討厭自己，反而死纏爛打而惹怒對方。

此外，亞斯伯格症的孩子對於戀愛這樣的情感所知甚少，也有可能會模仿漫畫人物的行為來採取行動。有些女孩只要男生對自己溫柔一點，就會感到喜不自勝，而對對方的指示言聽計從。由於亞斯伯格症的孩子具有「無法拒絕別人」、「不擅判斷情勢」的弱點，很容易會在意想不到的狀況下引發問題，請家長一定要多加留意、在一旁守護孩子。

不要否定孩子的心意認真聆聽孩子的話語

孩子會對於異性抱有好感是非常正常的事，即便是抱有神經發展障礙的孩子當然也不例外。

雖然戀愛是一種非常美好的情感，但是絕對要在尊重對方的情況下發展，而且也一定要珍惜自己的身體，這些戀愛方面必須注意的地方，請家長務必確實教導孩子了解。

父母親可以成為孩子的戀愛諮詢對象也非常重要，在孩子尋求協助時，提供孩子具體的建議，例如：「在這種時候，對方應該是這麼想的吧！」、「你如果能這樣做的話應該就沒問題。」等等。藉由聆聽孩子的心事，便能慢慢讓孩子的心情平靜下來。

此外，家長也必須確實教導孩子關於性行為與避孕等知識，特別是在年紀太輕的時候生產更是危險，這點也要讓孩子完全明白才行。

青春期談戀愛的注意事項

容易引起這些問題

將自己的情感單方面的強加給別人

- 突然說出「請與我交往」等，讓對方飽受驚嚇。
- 不知道對方討厭自己，還一直糾纏不清。
- 尾隨對方、硬是要跟進人家的家裡。

不太明白戀愛是什麼樣的情感

- 看了電視或漫畫後，直接模仿主角的行為。
- 只要對方對自己稍微溫柔一點就會感到喜不自勝，輕易跟著別人走。
- 別人只是表現出友善而已，卻會誤以為對方愛上了自己。

父母親的應對方法

- 告訴孩子「隨時都歡迎你跟爸媽聊聊喔！」
- 教導孩子要尊重對方的心情
- 認真聆聽孩子的心事
- 像是「你可以試著這麼做」、「你可以這樣說」等，給予孩子具體的建議
- 確實告知孩子不可以做的事情就是不能做
  - ＊隨便碰觸異性的身體
  - ＊隨便碰觸異性身邊攜帶的物品
  - ＊對別人死纏爛打
  - ＊對別人說的話言聽計從
  - ＊說出下流的話
  - ＊一直盯著對方的胸部或腿看

專欄

青春期孩子性方面的煩惱

千萬不要有所隱瞞 必須確實教導孩子

當孩子進入青春期後會慢慢產生轉變，對於性方面也會開始有所關心。這一點不管是哪種孩子都是一樣，可說是身心靈都在成長當中的證據。

而在朋友之間也一定會時常提到有關性與戀愛的話題。

為了想要加入朋友間的話題，亞斯伯格孩子會把其他孩子避諱的性方面話題直接說出口。

當這麼做而引起大家一陣譁然時，亞斯伯格孩子會誤以為這個話題很受大家歡迎而喋喋不休，結果就被所有女生給討厭了，這樣的情況屢見不鮮。

關於性方面的問題千萬不可避而不談，別將性的話題當作禁忌，當孩子進入青春期、最晚在進入國中就讀前，一定要教導孩子正確的性知識。如果學校方面也能配合同時教育孩子的話，那是再好不過了。

以正面積極的態度 接納孩子

家長若察覺到孩子似乎正為了性方面的問題而苦惱的話，請耐心聆聽孩子的煩惱。

千萬不要採取否定的態度，責備孩子「你到底在想什麼？」、「不要想這些沒用的事，還不快點去念書」等等。

這麼一來孩子會誤以為自己做了什麼壞事，而產生奇怪的罪惡感，認為自己很沒用而造成自我否定的念頭。過度壓抑孩子，反而會讓孩子偷偷發洩出來。請家長以話語鼓勵孩子，「其實大家都一樣喔！」，讓孩子能感到安心。以正面積極的態度接納孩子、同時引導孩子是最重要的事。

該如何對應孩子因性引起的問題行為

在面臨與性有關的各種問題行為時，比起跟孩子解釋「為什麼不可以」，倒不如列出規定，與孩子約定好有哪些行為不可以做。

孩子的行為	引導的方式（舉例）
在別人面前提起性方面的話題	與孩子約定好不要在別人面前提起與性有關的話題
在別人面前碰觸性器官	與孩子約定好不要在別人面前碰觸性器官
在別人面前談論他人的容貌體態	與孩子約定好不要在別人面前談論他人的容貌體態
嗅聞異性物品（衣服或鞋子等）的味道	與孩子約定好不要碰觸異性的物品、或嗅聞味道等
思考關於性方面的事	雖然思考關於性方面的事沒有錯，不過父母必須教導孩子男性與女性的分別
被女同學討厭	教導孩子牢牢記住兩性相處的規則，狀況就會有所改變

第3章

【ADHD】教養的實踐對策關鍵就在這裡！

A　ADHD的孩子是怎麼樣的孩子呢？

患有ADHD的人在年幼時看起來就像是一般精力十足、活潑好動的孩子，幾乎不會讓人察覺到他抱有障礙。不過，進入小學後，就會浮現出無法配合團體行動的特質，在學習方面也會遇到困難。

注意力渙散無法靜下心來

過去曾經將ADHD視為因個性特質所引起的表現，不過，現在醫學上已經認定為是一種疾病。ADHD可分為三種類型，分別是明顯表現出過動的類型、明顯表現出注意力不足的類型、以及兼具這兩種特質的混合型。

在漫畫「哆啦A夢」中所描寫的胖虎與大雄正是ADHD的典型人物。

ADHD的主要症狀為以下三點。

① 注意力不足（無法集中精神）

時不時就丟三落四、忘東忘西，很快就忘記自己把東西擺放在哪裡，總是找東西找個不停。

即使上課時老師出了作業，這類型的孩子也會拖拖拉拉地打不起精神去做，好不容易開始動手做作業，也會因為些許的聲響或說話聲音而分心，無法持續集中精神。不管做什麼都很容易出現粗心的錯誤，是這類型孩子最大的特徵。

此外，這類型的孩子也很不擅長整理環境，對於刷牙與洗手等覺得很麻煩。

② 過動（無法靜下心來）

這類型的孩子無法靜靜等待，即便上課中或用餐時，也會突然站起來離席，四處遊蕩。手腳總是浮躁亂動、坐在椅子上時身體卻會亂動、無法靜下心來。

尤其是無法靜靜地一個人玩遊戲或讀書，喜歡玩從櫃子上跳下來等危險的遊戲，因此經常受傷。

③ 衝動（無法等待、急性子）

無法耐住性子排隊等候。即使大家都排成一列等待順序輪到自己，但這類型的孩子絲毫不會有一起排隊的念頭，而會直接插隊到最前面。

在課堂上的時候也一樣，老師都還沒說完問題，這類型的孩子就會突然插嘴回答，在不恰當的時間發言，因此常常妨礙課堂的進行，也會做出干涉其他同學的行為。

從上述的特徵中可以看出，ADHD孩子的精神年齡，通常是實際年齡的三分之二左右。

ADHD 的 2 種類型

在漫畫《哆啦 A 夢》中所描寫的胖虎與大雄正是 ADHD 的 2 種典型人物。

注意力不足型

大雄型

常被其他同學欺負霸凌的大雄，正是明顯的注意力不足型

- 經常出現粗心的錯誤
- 總是在找東西找個不停
- 不擅長整理環境
- 一下子就分心

過動．衝動型

胖虎型

總是帶頭欺負霸凌別人的胖虎，正是明顯的過動．衝動型

- 隨時都無法靜下心來
- 無法按照順序等待
- 聒噪多話
- 在上課中也會突然離席、四處走動
- 急性子

兼具這兩種特質的混合型

大雄型與胖虎型的共通之處

雖然乍看之下這兩人似乎毫無共通點，不過像是經常忘東忘西、無法依照老師的指示做事、受到一點刺激便無法集中精神、容易厭倦、只要一想到某件事就會立刻坐立難安，都是他們的共同點。

ADHD的診斷準則與藥物治療法

ADHD的孩子由於具有注意力不足、過動、衝動的特質，因此無法充分發揮原有的能力。

雖然心裡明白卻做不到

具有注意力不足或過動、衝動特質的孩子，其年齡與知性層面的發展會非常明顯地不成比例，因此在日常生活中經常遭遇挫折，在這種情況下便會被診斷為ADHD。

大部分的ADHD孩子無法遵從別人的指令做事，但是卻並不是因為孩子聽不懂指令的緣故。而是「心裡明明知道該怎麼做、在完全理解指令內容的狀態下，卻無法做到」。

反之，亞斯伯格症的孩子則是「因為不明白所以做不到」，在這一點方面兩者呈現出完全相反的對比。

藥物療法可以對某些孩子發揮效用

首先必須理解ADHD究竟是什麼，並用心配合孩子做出適當的應對。只要停止責罵，多將目光集中在孩子的優點，一定會有所改變。要是無法改善，那麼藥物療法也是選項之一。採用藥物療法在60～70％的孩子身上可以發揮成效。有一種名為專思達（Concerta）的藥物，可藉由其所含的成分methylphenidate，增加腦內神經傳導物質多巴胺的效能，降低孩子的過動與衝動傾向，針對注意力不足也能有所改善。

專思達的藥效約可持續12小時，不過，大約有4成的孩子會出現食慾不振的副作用。思銳（Strattera）則可以發揮增加腦內神經傳導物質去正腎上腺素的功效。雖然思銳需要服用4～5週，才會發揮功效，不過效果卻可以維持一整天，也不會出現食慾不振等副作用，整體說來功效比專思達來得優異。不過，依照每位孩子特質不同，適合的藥物也會有所不同，請和醫師商量過後再決定要使用哪一種藥物治療。（編註：目前在台灣最普遍使用的是「利他能（Ritalin）」，和專思達的成分相同，但是藥效時間短，約3～4小時。另一種相同成分的中長效藥物為「利長能（Ritalin LA）」，作用約6～8小時。由於費用較高，目前健保對於利他能以外的長效ADHD藥物進行有條件的給付。）

ADHD（注意力不足／過動症）的診斷準則（DSM－5）

A 據干擾功能或發展的持續注意力不足及／或過動一衝動樣態（pattern），有①及／或②之特徵：

①有至少維持 6 個月的下列 6 項（或更多）症狀，到達不符合發展階段且對社會及學術 / 職業活動造成直接負面影響之程度。（編註：這些症狀並非主源於對立行為、違抗、敵對或無法了解工作或指示的表現。青少年或成人（滿 17 歲以上）至少需有 5 項症狀。）

注意力不足

- a **經常無法仔細注意細節或者在做學校功課、工作或其他活動時，容易粗心犯錯**（如：看漏或漏掉細節、工作不精確）
- b **工作或遊戲時難以維持持續注意力**（如：在上課、會話或長時間閱讀時難以維持專注）
- c **直接對話時，常好像沒在聽**（如：心好像在別處，即使無任何的分心事物）
- d **經常無法遵循指示而無法完成學校功課、家事、或工作場所的責任**（如：開始工作後很快失焦且容易分心）
- e **經常在組織工作與活動上有困難**（如：難以處理接續性的工作；難以維持有序的擺放物品及所有物；亂七八糟、缺乏組織的工作；時間管理不良；無法準時交件）
- f **經常逃避、討厭、或不願從事需要持久心力的工作**（如：學校功課或家庭作業；在青少年與成人的準備報告、完成表格填寫、看長篇文件）
- g **經常遺失工作或活動所需的東西**（如：學校課業材料、筆、書、工具、錢包、鑰匙、書寫作業、眼鏡、手機）
- h **經常容易受到外在刺激而分心**（在青少年與成人可包括在想無關的內容）
- i **在日常生活中常忘東忘西**（如：做家事、跑腿；在青少年和成人則有回電話、付帳單、記得邀約）

②有至少維持 6 個月的下列 6 項（或更多）症狀，到達不符合發展且對社會及學術／職業活動造成直接負面影響之程度：（編註：這些症狀並非主源於對立行為、違抗、敵對或無法了解工作或指示的表現。青少年或成人（滿 17 歲以上）至少需有 5 項症狀。）

過動

- a **經常手腳不停的動或輕敲／踏，或者在座位上蠕動**
- b **經常在該安坐時離席**（如：在教室、辦公室、其他工作場所或是其他應留在其位置的情境中離開他的位置）
- c **經常在不宜跑或爬的場所跑或爬**（編註：在青少年與成人，可能只有坐不住的感覺）
- d **經常無法安靜地玩或從事休閒活動**
- e **經常處在活躍的狀態，好像被馬達驅使般的行動**（如：無法在餐廳、會議中長時間安坐或是久坐不動會覺得不安適；別人會感覺到他坐立不安或是難以跟得上）
- f **經常太多話**

衝動

- g **經常在問題尚未講完時衝口說出答案**（如：說出別人樣講的話；在會話過程中不能等待輪流說話）
- h **經常難以等待排序**（如：排隊時）
- i **經常打斷或侵擾他人進行的活動**（如：在會話交談、遊戲或活動時貿然介入；沒有詢問或得到許可就動用別人的東西；在青少年與成人，可能會侵擾或搶接別人正在做的事情）

B 12 歲以前就有數種不專注或過動一衝動的症狀

C 數種不專注或過動一衝動的症狀所引起的障礙在 2 種或更多的情境表現（如：在家、學校或上班時；與朋友或親戚在一起時；在其他的活動中）

D 有明確證據顯示症狀干擾或降低社交、學業或職業功能的品質

E 這些症狀不是單獨出現於思覺失調症或其他的精神病症，無法以另一精神障礙症做更好的解釋（如：情緒障礙症、焦慮症、解離症、人格障礙、物質中毒或戒斷）

（註：DSM－5 中文版由台灣精神醫學會審定 / 翻譯、合記圖書出版社發行）

教養ADHD孩子時必須注意的事項

在教養ADHD孩子時，最重要的是不要只會一味地責備孩子，試著為孩子訂立一個目標，利用獎勵制度維持孩子繼續努力的動機。讓孩子多多累積成功的經驗，了解到只要願意做還是可以做得到，這一點非常重要。

理解特質
以一貫的態度面對孩子

只要理解ADHD孩子的特質、再配合其特質來改變對待孩子的方式，孩子一定也會有所改變。對於ADHD的孩子而言，在生活中利用下列的方式會很有效果。

作戰① 減少責罵孩子的頻率

你要這樣做、那樣做、這個不可以！要是每天都以這種嘮叨的方式管教孩子，孩子也會產生反感。因此請先減少責罵孩子的頻率吧！只要在真正重要的時候管教孩子就好。雖然總是會一直看到孩子不好的部分，不過，最重要的是要確實把視線放在孩子好的行為上。試著多鼓勵孩子好的行為、對於不好的行為就先忽略吧！無論是再怎麼細微的事，都要多開口鼓勵讚美孩子。

作戰② 訂立目標

先訂立一個目標，設法激發出孩子努力的意願。千萬不要太貪心、什麼都想做，剛開始的時候只要設定一兩個目標就好。

先從簡單的事情開始做起，例如「吃晚餐的時候要把筷子排好」這麼一來孩子就比較容易成功做好。

作戰③ 訂下每日流程

家長若能先決定好每天生活的步調，孩子的心情也會變得比較安定。請盡量以同樣的步調安排每天的流程，並將時間表貼在家中明顯的位置。

作戰④ 採取提升意願的獎勵制度

當孩子做出好的行為時，一定要立刻讚美孩子。而且當孩子持續維持時，也別忘了對孩子說聲：「你真的很努力呢！」不過，對ADHD的孩子而言，光是言語上的讚美還不足以支撐維持下去的動力，因此在家裡可以採用點數積分制度等，給予孩子獎勵。

作戰⑤ 以成功的經驗培養自尊心

由於ADHD的孩子經常遭受責備，很容易喪失自信。藉著讓孩子累積成功的經驗，便能幫助孩子培養自我肯定的感受。

對待 ADHD 孩子的基本技巧

先決定好目標後，再給予孩子獎勵，設法維持孩子願意努力下去的意願吧！

作戰 1

減少責罵孩子的頻率

若是從早到晚都不停地對孩子說教的話，只會引來孩子的反感而已。只要在真的有必要時管教孩子就好。

作戰 2

訂立目標

一旦達成目標就要立刻讚美孩子；當孩子持續努力某件事時也要讚美孩子。保有一貫的態度，隨時隨地讚美孩子非常重要。

作戰 3

訂下每日流程

只要能掌控每天生活的步調，便能讓孩子的心情安定下來，比較不容易引發衝突。

作戰 4

採取能提升意願的獎勵制度

利用獎勵制度，維持孩子努力的動機。

作戰 5

以成功的經驗培養自尊心

藉由累積每一個小小的成功經驗，讓孩子擁有自信，提高孩子繼續努力的意願。

【幼兒期】

停止採取不恰當的應對

ADHD的孩子經常對父母的話語充耳不聞，渾身扭動個不停。雖然這時父母肯定會很煩躁，不過要是斥責、毆打孩子只會讓事態更加惡化，請冷靜下來面對孩子。

停止會傷害孩子心靈的體罰

自己明明非常努力想要把孩子教好，但孩子卻沒有成為自己希望的模樣，家長可能會有一種彷彿自己被背叛的感覺，光是看到孩子就會覺得很不愉快，忍不住就出手體罰了孩子。

但是，體罰無法解決任何事。不但會讓孩子受傷，也會產生對父母的憎恨感，失去對大人的信賴，再也無法直率地面對大人。

不僅如此，利用暴力手段來壓抑孩子，還會讓孩子隨時處於恐懼不安的情境中，無法有自信地開拓屬於自己的人生。此外，有許多遭受體罰的孩子也會傷害自己或他人。

體罰絕對不會帶來任何好處，請家長務必要停止對孩子體罰，才能避免引起二次傷害。

不要對孩子說出負面言語

在責罵孩子的過程中，言語尖銳的程度會漸漸升高，有些人到最後甚至會說出「我真是受夠你了」、「早知道不要生你還比較好」等言語暴力。

只要孩子一被父母如此責備，心裡便會湧現出自我否定的感受，結果反而變本加厲地做出父母不喜歡的舉動。

言語的暴力跟體罰一樣，會讓孩子深深受到傷害。

請家長不要對孩子說出負面的言語。

讓孩子感受到自己正被愛著

想要引導孩子走上正確的方向，就應該停止採取不恰當的應對態度，並且將自己深愛著孩子的心情傳達給孩子知道。

「我最喜歡你了」、「你對我來說真的很重要」，多對孩子親口表達出自己的愛意吧！

說完之後也別忘了緊緊抱住孩子喔！

停止採取體罰與言語暴力

惡性循環的發展方式

A-1
孩子不聽從父母的指示
A-2
父母發怒，對孩子體罰
A-3
孩子產生反彈而更加反抗父母
A-4 回到①
B-1
孩子不去做該做的事
B-2
父母怒罵孩子
B-3
孩子產生自我否定的感受而更沒有意願去做
B-4 回到①

父母對孩子傳達愛意就能開啟良性循環

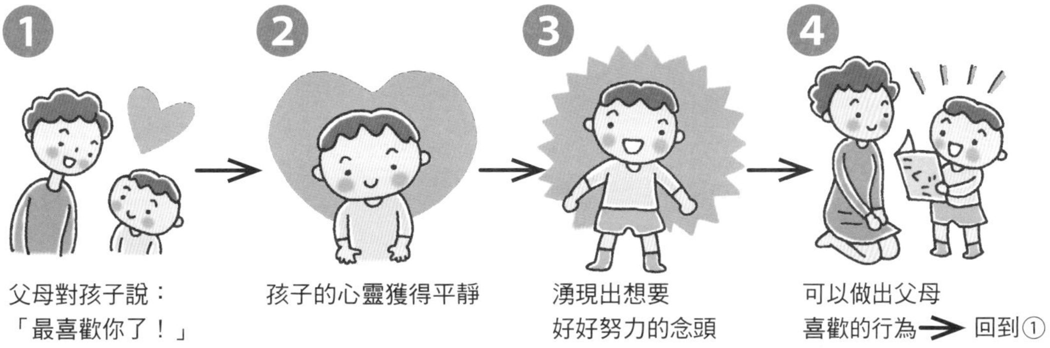
1
父母對孩子說：「最喜歡你了！」
2
孩子的心靈獲得平靜
3
湧現出想要好好努力的念頭
4
可以做出父母喜歡的行為 回到①

擬定好孩子浮躁、沉不住氣的對策

當孩子浮躁、沉不住氣時很有可能會引起重大事故，因此親子之間一定要訂立好明確的規則，守護孩子非常重要。此外，要是帶著孩子進入必須保持安靜的空間，恐怕會演變成不斷斥責孩子的場面，因此請家長盡可能避免出入這樣的場所。

製作規則手冊讓孩子時時確認

ADHD孩子的行為經常無法以常理來預測，要是突然衝去大馬路上、或從月台上跳下去，會帶來非常嚴重的後果。外出時一定要牽緊孩子的手，別讓孩子離開自己的視線範圍。

此外，也要向孩子清楚說明該如何走人行道、要怎麼過斑馬線等交通規則，每一次外出時都要與孩子仔細確認。

建議家長可在小卡上繪製簡單的圖畫、製作出規則手冊，都是不錯的方法。將規則小卡放進盒子裡，每當要出門前都拿出來複習一遍，也可以隨時帶在身邊，走在路上有需要時就拿出來給孩子看，徹底教導孩子必須遵守的交通規則。要是能製作規則手冊帶在身邊的話，也無須隨時對孩子反覆地大聲說話，使用起來會比較方便。

避免前往餐廳或劇場等場所

若是帶著孩子前往高級餐廳、圖書館、電影院等場所，須每分每秒都嚴加留意孩子的行為，這麼一來無論是父母或孩子都會感受龐大的壓力。

因此，還是盡可能避免帶孩子前往必須保持安靜的場所、或是一旦引起騷動就會帶給旁人困擾的場合會比較好。

反之，像是公園等可以消耗體力玩遊戲的場所，就盡量帶孩子多去，另外，需要孩子表現出外向好動的運動或活動也是不錯的選擇。這麼一來，便能將孩子的缺點轉變為優點，對孩子來說也能建立起自信心。

傍晚後進行較靜態的活動

當時間到了傍晚之後，就讓孩子從事比較靜態的活動，慢慢為孩子做好就寢的準備。先決定好一整天的行程表，分配好進行動態活動、從事靜態活動的時段，為每天建立好固定的行程規劃，會對孩子有相當大的幫助。

在行為舉止上顯而易見的浮躁不穩定，會隨著孩子年紀增長而越來越不明顯，耐心等待孩子成長也非常重要。

當孩子浮躁、沉不住氣的對策

過馬路的時候
一定要先停下來
確認兩邊車輛！
哦！
這樣啊！

〈規則小卡〉

・在規則手冊裡寫下必須注意的事項，先給孩子預習

・在路上也隨時拿給孩子看

例如這些事項

●突然衝到馬路上
●在海邊或河邊的安全須知
●在遊戲場
●在電車月台

●在電車中無法安靜搭乘
●在教室裡走來走去

●在祖父母家大聲嬉鬧
●在速食店大聲吵雜
●在餐桌上雙腳隨意亂晃抖動

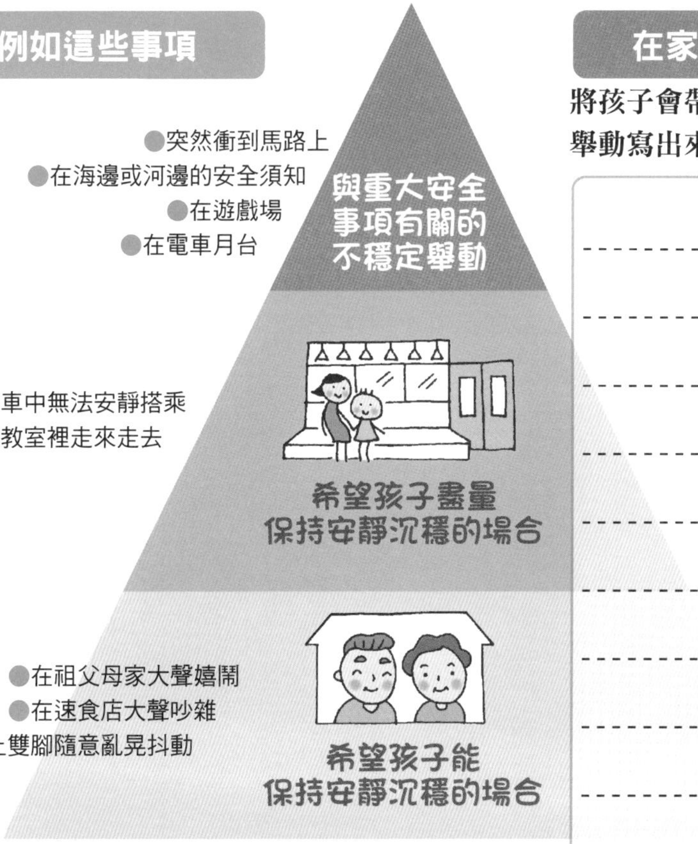

與重大安全事項有關的不穩定舉動
希望孩子盡量保持安靜沉穩的場合
希望孩子能保持安靜沉穩的場合

在家裡的時候

將孩子會帶來困擾的不穩定舉動寫出來

避免前往的場所：除了速食店之外的餐廳、劇場

在這些場所難免會一直要求孩子「保持安靜」，也會造成別人的困擾，請盡量避免前往這些場所。

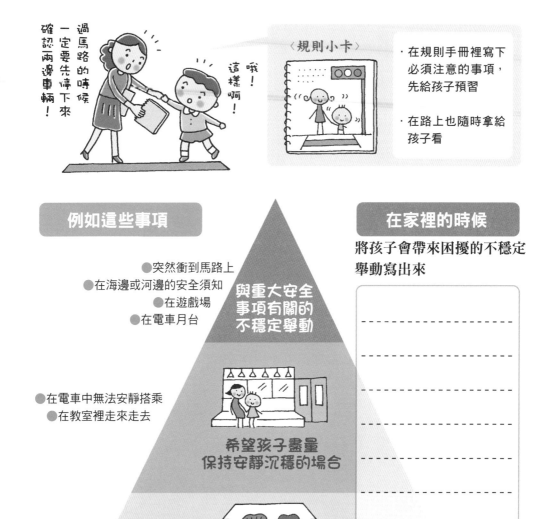

花點心思讓孩子避免遺落物品

ADHD孩子經常會丟三落四，總會讓父母感到焦躁。與其不斷責備孩子：「我剛剛不是才提醒過你嗎？」倒不如善加運用備忘錄或製作清單，提醒孩子不再忘東忘西。

工作記憶的容量不足

ADHD孩子在必須進行一連串的活動或步驟時所需的記憶（工作記憶Working Memory）方面，有容量不足的情形。一旦工作記憶不足，就無法在需要的時刻將放進抽屜封藏起來的記憶取出。正因為如此，ADHD孩子才會不斷重複犯下簡單的錯誤，就算覺得自己已經記住了，記憶也無法在腦海裡停留太久。

此外，ADHD孩子具有不喜歡努力進行記憶練習的傾向，因此也有可能是因為練習不足而導致記憶力無法提升。由於以上種種因素，ADHD孩子經常會產生不小心的失誤，也很容易丟三落四、忘東忘西。

讓孩子練習自己想起來

為了避免孩子遺落物品，用各種備忘錄及清單的方式提醒孩子會很有效。

●靈活運用便條紙與備忘錄

為了讓孩子記住待辦事項，可以使用便條紙與備忘錄來幫助孩子記憶，另一方面也可以讓孩子練習記錄瑣事。而使用備忘錄最好的方式就是直接貼在眼前的物品上，儘管這個方法非常簡單，卻能發揮絕佳的提醒效果。

●製作清單

不讓孩子再遺落物品，直接列出一張手邊擁有物品的清單是最有效的方法。

在準備隔天課堂上要用的物品時，可以先列出一張必須放進書包裡的物品清單，讓孩子練習自己一邊對照清單、一邊整理書包。

此外，數學計算的方法或作文的寫法等，都可以製作成表格貼在書桌附近，也會是不錯的方法。

●讓孩子練習自己想起來

最重要的是，要讓孩子練習自己想起來。不要在孩子身邊不斷耳提面命：「不要忘記帶〇〇！」而是藉由提醒孩子：「今天應該有什麼很重要的東西吧？」讓孩子學會自己想起來。

幫助孩子鍛鍊大腦的思考迴路，讓孩子學會自己從腦海裡找出需要的資訊吧！

備忘錄的準備方式

幫助孩子將零散瑣碎的記憶統合起來吧！

在學校

鞋櫃

書桌上

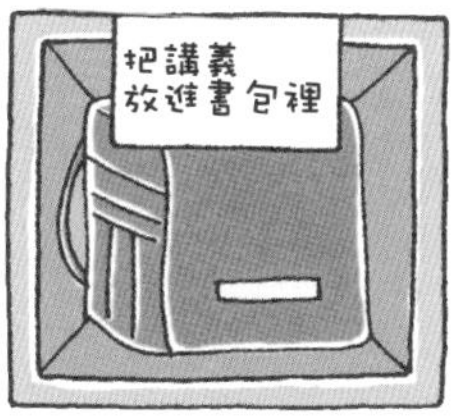

置物櫃

門上

在家裡

門上

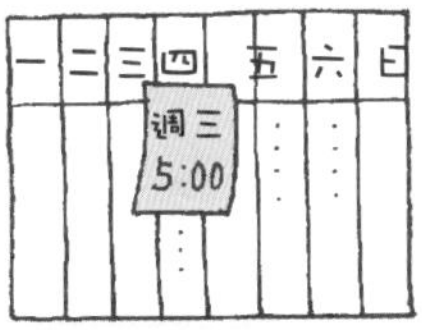

聯絡簿

玄關

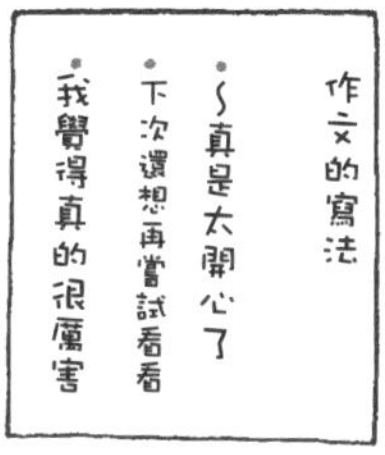

作文的寫法

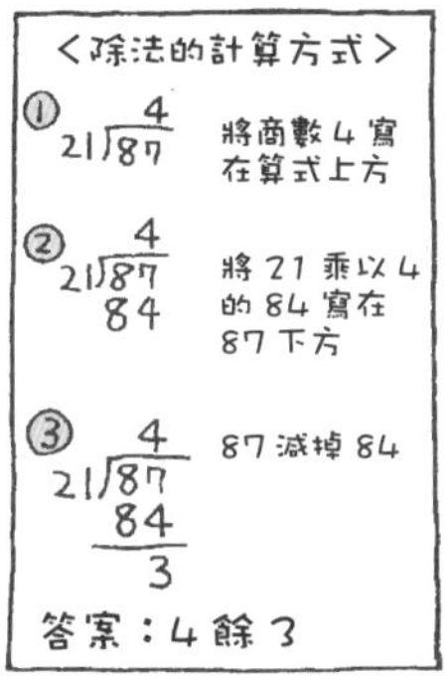

計算的方式

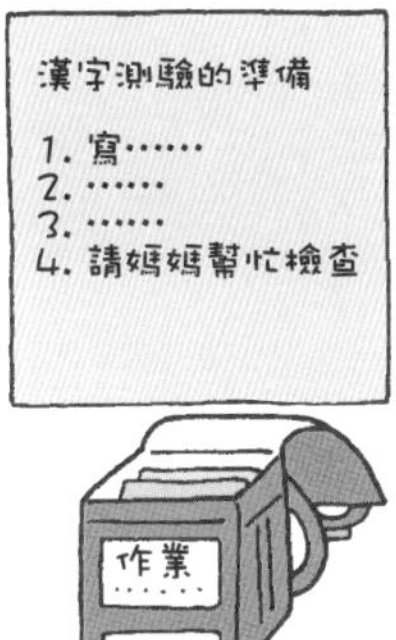

隔天上學的準備

電燈開關

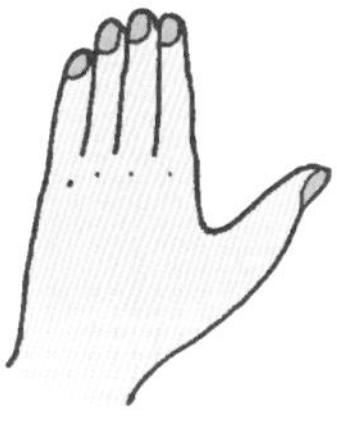
寫在手上

絕對不可以忘記的事情就寫在手背上吧！（只在最關鍵時採用此方法）

教導孩子等待的重要性

ADHD孩子原本就屬於急性子，不擅長靜下心等待。舉例來說，明明大家都在排隊，ADHD孩子卻會突然插隊，惹得大家不悅。雖然對ADHD的孩子而言，等待是相當困難的事，不過還是請家長要耐性教導孩子等待的重要性。

教導孩子等待的意義

不管跟孩子反覆講了多少次「等一下」，孩子很有可能始終都不明白為什麼必須要等待。因此，家長必須以淺顯易懂、容易理解的方式教導孩子等待的重要性。

舉例來說，「只要按照順序排隊，大家就會覺得心情很好，也會覺得你是一個好孩子唷！」只要這樣向孩子解釋，孩子應該就能夠理解了。

還有，要是孩子常在不適合的時間點擅自舉手發言，可以試著與孩子溝通：「老師想要聽所有人的意見，我們也要聽聽看其他同學的意見呀！」耐心向孩子一一解釋每一次等待的原因，孩子就能夠了解為什麼必須等待。此外，也要告訴孩子「不要急、沒關係」，同時利用點數制度給予孩子獎勵，讓孩子親身感受到等待是一件好事。

另一方面，平時千萬不能一直催促孩子「快一點、快一點」，這點也非常重要。

藉由練習等待讓孩子記住時間流逝的感受

只要讓孩子多加練習，一定能夠漸漸學會等待。剛開始可以先將時間劃分為小塊的區段，讓孩子練習等待。

若是能利用沙漏或碼表直接顯示出還需要等待多久，這樣一來等待也會比較容易一些。

偶爾也可以讓孩子自己動手泡泡麵，告訴孩子：「要等3分鐘才能開動唷！」並且將沙漏放在旁邊，讓孩子深刻體會等待時間流逝的感受。

利用這樣的方式訓練孩子，當孩子成功地等待了3分鐘後，就可以練習等待5分鐘，以此類推。

在反覆進行等待練習的過程中，孩子一時衝動的行為也會漸漸減少才是。只要孩子學會靜下心來等待，自然而然也會做出比較適合當下環境的行為，這麼一來，無論是身邊同年齡的孩子或大人，都比較容易敞開胸懷接納他。

「稍等一會兒」的訓練

1 告訴孩子要是他無法等待的話旁人會做何感想、如果他可以等待的話旁人又會如何看待他

	旁人的觀感	留意周遭，旁人會這樣看待他
不按照順序	狡猾不守規矩	真是遵守秩序的孩子
不等別人結束	只想著快點輪到自己	跟大家一起合作很不錯
插嘴	我們好不容易聚在一起說話，真討厭	等我說完話才回應我，真開心

2 教導孩子規則與應該採取的行動

遇到下列場景時要提前向孩子確認
- 在排隊時
- 搭電車時

3 練習凡事先想一下再採取行動

- 敦促孩子凡事都先思考 1 分鐘
- 想要學習某項新事物時，必須考慮一週的時間再做決定

4 練習等待

若能感受到時間流逝，等待起來會比較容易
- 讓孩子自己泡泡麵
- 動手烤餅乾
- 「數到 100 下」，讓孩子練習數數

5 平時不要一直催促孩子「快一點、快一點」

安排好每天的行程表

對於ADHD的孩子而言，每天過著穩定規律的生活比任何事都重要。因此，最好能事先為孩子安排好每天的固定行程表，讓孩子養成時常確認行程表的習慣，慢慢學會自己管理生活大小事。

規劃好1日行程表張貼於明顯的位置

若能為孩子事先規劃好每天的行程表，不僅能讓孩子過著穩定規律的生活，心情上也會變得比較安穩。

同時也請家長用心安排好每天的晚餐時間、洗澡時間等，讓孩子過著規律良好的生活。一旦決定好每天的行程安排，就可以讓孩子對著時鐘按表操課。

雖然不可能每天念書、學習才藝的時間都一樣，不過只要盡量按照一定的步調進行，就能讓孩子每天的生活過得更流暢。

決定好每日行程後必須寫在紙上，張貼於明顯的位置。父母親的行程也可以一起寫在表格上。

請家長每天都務必要安排一段陪伴孩子的時間，像是坐在孩子身邊陪他寫作業等。

此外，也可以積極地請孩子幫忙做一些家事，例如在用餐前一起擺放碗筷、或是用餐後一起清洗盤子等，也可以促進親子之間的溝通。

每當孩子順利幫忙做完家事，就可以給孩子獎勵，以維持孩子幫忙的意願。

藉由訓練指尖的活動，也能對大腦的活性化有所幫助，其實好處多多呢！

在日曆上寫好每天預計的行程

請家長準備一本比較大的小孩專用月曆，最好是能寫進很多待辦事項的會比較好。與孩子一起將當月的預定事項寫進月曆中，讓孩子能夠自行確認每天的計畫。要是孩子還無法好好書寫，就請孩子在旁邊幫忙，在月曆上貼貼紙或蓋印章也不錯。

除了月曆之外，當天的細項行程則要寫在白板上，這麼一來便能讓孩子一目了然當天有哪些事情非做不可。

讓孩子清楚意識到每天該做好哪些事情，是教養ADHD孩子時非常重要的一環。

事前規劃行程表

製作1日行程表

從起床到就寢的一整天時間內，安排好每個時段該做的事，清楚地寫在紙上並張貼於顯眼之處

小學生的一日行程範例

早上

7:00 起床
7:15 吃早餐
8:00 出門

下午

5:00 回家
5:30 寫作業
6:30 吃晚餐
8:00 洗澡
9:00 睡覺

製作當天的行程表

把當天該做的事項都寫在白板上，每當完成一項就可以直接擦掉一項

今日預計事項

念書準備國語考試
晚餐後要擦盤子
按照時間表做事

製作當月的行程表

使用貼紙或印章，與孩子一起製作當月的行程表，讓孩子可以自行看月曆確認每天有哪些計畫

10月

一	二	三	四	五	六	日
				1 遠足	2 足球	3
4	5 珠心算課	6	7	8 奶奶來訪	9 足球	10 爸爸的生日
11	12 珠心算課	13	14	15	16 足球	17 小孩聚會
18 腳踏車團體課	19 珠心算課	20	21	22 早上上課	23 足球	24
25	26 珠心算課	27	28	29	30 足球	31

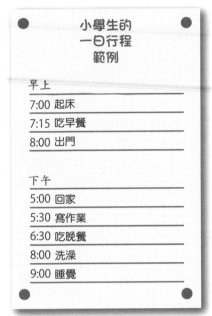

選出必須特別管教的事項

要是每天都不斷訓斥孩子這個不行、那個不行，整天嚴格管教、斥責孩子的話，孩子的心靈很容易就會變得退縮不安。請家長選出絕對要特別管教的事項，只在非管教不可的時候提醒孩子就好。

只管教真正會造成困擾的事項

在面對ADHD孩子時，總會在各方面再三叮嚀管教孩子，這是因為不管家長說了多少遍，ADHD的孩子做不到就是做不到。要孩子去做一件事，講個5、6遍也不足為奇。不過，一旦演變成整天都在管教孩子，孩子也會覺得不耐煩，父母講了再多也只是左耳進右耳出而已。這麼一來，父母親的心情也會變得焦躁鬱悶，親子關係更是每況愈下。因此，家長應該把目前最頭痛的事情、最希望孩子改進的事項放在第一位，其他沒那麼重要的事情就等到之後再說吧！

想想不必斥責孩子也能達到管教目的的方法

舉例來說，孩子脫下鞋子後就隨便亂丟在一旁這件事，其實只是看起來雜亂而已，實質上並不會造成什麼太嚴重的問題。所以針對這件事就不必多費唇舌教訓孩子，先睜一隻眼閉一隻眼就好。

比起鞋子亂脫，孩子要是一直打電動、完全不肯寫作業，才是真正令父母頭痛的事吧！

但要是因為這樣就整天一直對孩子叨唸：「不要再打電動了！」「快點去寫作業！」孩子也不會因此就乖乖聽話，發揮不了什麼效果。

在這種時候，家長應該思考該怎麼做孩子才會有動力想寫作業，想出解決的對策才行。

或者也可利用點數獎勵制度，與孩子約定好1天打電動的時間控制在30分鐘或1小時內，就可以得到1點。等到集滿100點時，就可以購買新的遊戲軟體，訂立孩子願意為其努力的目標。只要孩子確實遵守約定好的時間，就會有很棒的獎賞等著自己，讓孩子了解到若能稍微忍耐一下眼前的快樂，之後就可以得到更大的快樂。不要以管教訓斥的方式促使孩子去做該做的事，而是要引導孩子能發自內心願意去做，才是教養ADHD孩子時最重要的關鍵。

盡可能減少管教孩子次數的訣竅

先區分出必須嚴格管教及睜一隻眼閉一隻眼也無妨的事項。

想想看現在最嚴重的問題是什麼？

【學齡期】

整理出孩子的問題行為並擬定對策

當家長想要改善孩子的問題行為時，可以先試著一項項條列式寫出來，以客觀的角度來看待孩子的行為。接著再排列出這些事項的優先順序，找到讓孩子更容易遵守規矩的方法，慢慢改善孩子的行為。

寫出孩子的問題行為 便能以客觀角度來檢視

在想辦法解決ＡＤＨＤ孩子的問題時，紙與筆絕對是必備物品。藉由書寫的過程不僅可以讓自己冷靜下來，把問題寫出來也比較容易分析對策，而且更能站在客觀的立場看待孩子。

建議家長將孩子平時在家裡的問題行為，分成飲食、作業、幫忙家事、在睡前做的事等等，依照不同場景分類，一一條列式地寫出孩子令人頭痛的問題行為。即使做父母的心裡覺得「這孩子真是問題多多」，但只要把孩子的問題一一寫出來，就會發現其實也沒有這麼嚴重。

排列出優先順序 以容易著手的方法改善

接下來，就要開始思考該如何才能解決孩子的這些問題，想出解決對策。在這個時候，千萬不要想著：「孩子都已經○年級了，這種事情應該做得到才對。」而是應該將孩子的實際年齡乘以3分之2，以寬鬆的態度來思考解決辦法。

想要一口氣解決所有問題是非常困難的，因此應該將孩子的問題行為排出解決的優先順序，盡量先從現在就必須改善的問題開始著手。

接著，花點心思在每一個需要改善的大方向中，將問題分成細項，讓孩子比較容易改善。不要讓孩子經常感到挫敗，就是維持努力動機的訣竅。

此外，也要聽聽孩子的意見，採用什麼方法孩子會覺得比較容易努力。從父母寫出的各種解決辦法中，讓孩子自己選出他可以接受、願意嘗試看看的方法開始努力。最後，親子一起決定好的解決對策，一定要張貼在孩子容易看到的顯眼位置，讓孩子能時時提醒自己。

這種方法在一開始的時候可以吸引孩子的注意，不過時間一久就會變成跟壁紙一樣與牆壁融為一體，漸漸失去效果。因此偶爾可以重新書寫、改變紙張的顏色，讓孩子能一直注意到這張注意事項的存在。

以下列順序思考改善的對策

1 將孩子在家裡的問題行為寫下來

依照不同場景分類，條列式地寫下來

2 排列出改善的優先順序

把需要改善的大方向分成細項條列

3 針對每一個問題思考各自的解決對策

作業

不寫作業
↓
在吃晚餐前與媽媽一起寫作業

寫字寫得亂七八糟
↓
如果能把字寫整齊
就給予孩子獎勵

每天的例行公事

便當袋不拿出來
↓
頻繁地叮嚀孩子拿出來

4 決定好解決辦法後，在白紙上寫下來，張貼在明顯的位置

亞美的待辦事項

●從學校回到家之後
- 拿出便當袋

●作業要在晚餐前寫好
- 與媽媽一起在廚房的餐桌上寫作業
- 努力寫出整齊漂亮的字跡

引導出孩子想要努力的意願

為了引導出孩子想要努力的意願，適時給予孩子獎勵是最好的辦法。雖然有些人可能會覺得獎勵是一種利誘孩子的手段，不過，對於ＡＤＨＤ孩子來說，獎勵卻是非常重要的治療方式，請家長妥善運用獎勵的方式來鼓勵孩子吧！

利用獎勵制度賦予孩子努力的動機

ＡＤＨＤ孩子並不會光是為了將來好，就願意在當下付出努力，更不會因為父母親的責備而願意去做，總是會把眼前的快樂放在第一順位，不太會去思考以後的事。也就是說，ＡＤＨＤ孩子非常不擅長在心裡定下對某件事努力的動機，而是必須依靠外界幫忙提供動機。這時就可使用獎勵制度，藉由獎勵所帶來的樂趣，提高孩子付出努力行動的意願。

獎勵制度不僅可以促使孩子付出行動，而且也能夠讓孩子願意持續努力直到最後。對於孩子特別不擅長的事情、或是比較困難的要求，都可以發揮良好的效用。

點數制度與目標積分卡

要引導出ＡＤＨＤ孩子想要努力的意願，最常被使用的方法就是點數制度與目標積分卡制度。

所謂的點數制度就是，只要孩子做到了規定內的事項就可以獲得○點，將點數累積到一定程度後，可以用點數來兌換獎勵的一套方法。

請家長花點心思設計出一套頻繁、快速、具體的獎勵制度，激發出孩子願意努力的意願，並且讓孩子持續努力下去。而且在給予孩子點數的時候，千萬不可以因為一時忙碌而「等一下再給」、拖延孩子得到點數的時間。另外，所謂的目標積分卡制度則是簡單版的點數制度，先決定好2個只要稍微努力一下就很容易達成的目標即可。

當孩子達到目標的時候，就在月曆上貼貼紙或蓋印章來做記號，只要達到與孩子約定好的數量，就可以用來交換實質的獎勵。而獎勵的內容則可以依照程度分為每天都可以給予的獎勵、每週可以給予1次的獎勵、以及每幾個月可以給予1次的獎勵，將大大小小的獎勵做成清單，讓孩子可以看到明確的目標。

引導出孩子努力意願的 2 個方法

點數制度

列出優良行為與幫忙家事的清單

- 幫忙拿報紙……………………1 點
- 倒垃圾……………………………2 點
- 幫忙準備餐點、擺放餐具……2 點
- 整理房間…………………………3 點
- 打掃浴室…………………………3 點
- 寫聯絡簿…………………………5 點
- 在晚餐前寫好作業……………5 點

1. 將孩子可以從中獲得點數的優良行為或幫忙事項製作成清單。越難達成、需要花費越多時間的事項，則能獲得越多點數
2. 當孩子獲得 1 點就給孩子 1 顆彈珠，請孩子將獲得的彈珠放在空瓶當中，這麼一來便能很清楚地看到彈珠累積得越來越多的模樣，能對孩子達到鼓勵作用。剛開始實行點數制度的第一週可以大方地多給予孩子點數，以引導出孩子的努力意願
3. 當點數累積到一定程度之後，就可以拿出當初約定好的獎勵清單讓孩子兌換獎勵

獎勵清單

1. 每天都可以給的獎勵

- 可以自己選擇喜歡的零食……2 點
- 請媽媽唸自己喜歡的故事……2 點
- 看 30 分鐘電視……10 點

2. 每週可以給予 1 次的獎勵

- 週末晚上，可以比平常晚睡 30 分鐘……10 點
- 去速食店用餐……15 點
- 租借 DVD……15 點

3. 每幾個月可以給予 1 次的獎勵

- 購買新的遊戲……100 點
- 去主題樂園玩……200 點

※將可以提升孩子努力意願的獎勵項目列成清單，每天睡前確認目前累積了多少點數，將獎勵項目依照大小分成上述 3 種

目標積分卡

1. 決定好 2 個容易達成的目標
2. 只要孩子達成目標，就在月曆上用貼紙或畫星星做記號
3. 當貼紙或星星累積到一定程度就可以兌換獎勵

※孩子的年紀越小，獲得獎勵所需花費的時間就要越短。小學低年級可以以數日到 1 週為基礎，到了高年級則可拉長到 1 ～ 2 週

	3日(一)	4日(二)	5日(三)	6日(四)	7日(五)	8日(六)	9日(日)
目標	★	★	★		★	★	

	10日(一)	11日(二)	12日(三)	13日(四)	14日(五)	15日(六)	16日(日)
目標	★			★	★		★

花點心思讓孩子能持續集中精神

對於ADHD孩子而言，集中精神是非常困難的。首先，必須先分析孩子為何無法集中精神的原因，接下來就要針對原因找出對策，告訴孩子只要持續努力就可以獲得美好的結果。

建立起符合每個階段的有效對策

對ADHD的孩子而言，①無法開始行動、②無法持續努力、③無法完成目標，在付出努力的每個階段都很容易失敗。現在就來分析每個階段的問題核心，幫助孩子一一克服吧！

①無法開始行動

若一開始就給予孩子太複雜的任務，會讓孩子無法湧現想要努力試試的心情。因此必須從簡單的事情開始，花點心思盡量讓孩子在較少的次數內遵照指示進行任務。下指示時，必須以平穩冷靜的態度明確地說出指令。

●無法停下手邊正在做的事

事先規劃好行程表，只要孩子停下手邊的事、開始去做該做的事，就運用點數制度給予獎勵。

●不會自動自發去做

事先規劃好每日行程表，剛開始家長可以陪著孩子一起執行。

●目標太困難會讓孩子提不起勁

如果孩子遲遲無法行動，很可能是因為太困難，可先試著降低難度，考慮適度增減分量。作業方面，也可以與老師商量是否能調整寫作業的方式。

②無法持續努力

當孩子持續付出努力時，一定要在旁邊對孩子說：「你真的很認真呢！」設法維持孩子付出努力的意願非常重要。

●因周遭事物而分心

在孩子周圍盡量不要擺放會讓他分心的物品。室內裝潢盡量以簡單為主，將念書與遊戲的相關物品分開擺放。

●目標的分量太多會讓孩子無法持續

將目標分成許多細項，也可以考慮減少分量。

③無法完成目標

準備好點數或點心作為完成目標的獎勵，當孩子順利達成目標時就立刻給予獎勵。除了實質上的獎勵之外，口頭上也要充分地讚美孩子「你真的很棒！」、「你真的很認真呢！」，讓孩子感受到成就感。漸漸地，未來總有一天孩子能夠自己在心裡讚美自己，自動自發達成目標。

讓孩子持續集中精神的法則

法則　建立起只要**寫完作業**就會有**好事發生**的良性循環

（方框）從點開始的話，（橢圓）就可以獲得好事與點數

為了讓孩子 開始行動

在約定好的時間前15分鐘，每5分鐘出聲提醒孩子一次

4:45
快要5點了唷
漫畫

為了讓孩子 持續努力

當孩子持續付出努力時一定要讚美孩子

⬇

讓孩子比較容易產生想繼續努力的心情

孩子正在持續努力時父母的發言＝正向鼓勵的發言

讓孩子比較容易持續付出努力

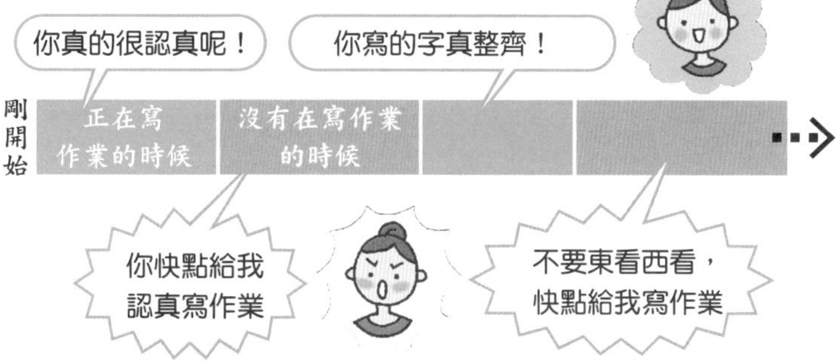

你真的很認真呢！
你寫的字真整齊！
剛開始
正在寫作業的時候
沒有在寫作業的時候
你快點給我認真寫作業
不要東看西看，快點給我寫作業

孩子做不到時父母的發言＝負面的發言

這麼一來孩子的努力意願就會下滑

為了讓孩子 完成目標

讓孩子體會到持續努力的樂趣及成就感

⬇

利用點數獎勵來加強成就感

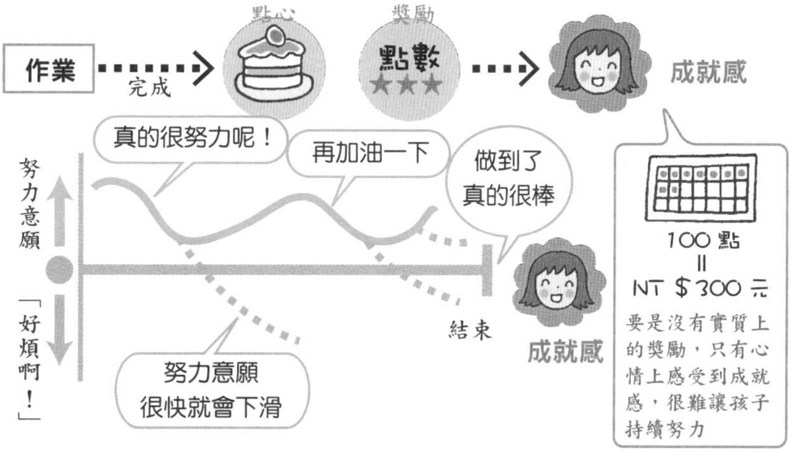

作業
完成
點心
獎勵
點數
成就感
真的很努力呢！
再加油一下
做到了真的很棒
努力意願
「好煩啊！」
結束
成就感
努力意願很快就會下滑
100點
‖
NT $300元
要是沒有實質上的獎勵，只有心情上感受到成就感，很難讓孩子持續努力

【學齡期】

以讚美的方式教養孩子

只要孩子一做出優良行為，無論家長有多忙碌，都一定要立刻停下手邊的事大力讚美孩子。父母親的讚美言詞對孩子來說就是最好的鼓勵。

孩子持續付出努力時必須讚美孩子

對ADHD孩子來說，持續付出努力是一件相當困難的事，同時也無法長時間集中精神。因此，要如何讓孩子持續專注，是教養ADHD孩子時的一大關鍵。

為了讓孩子持續專注，比起在孩子讀書讀到一半跑去玩的時候跟孩子說：「快點回去念書！」倒不如趁著孩子正在念書的時候跟孩子說：「你真的很認真讀書呢！」如此一來更能發揮鼓勵的效果。

還有，與其跟孩子說：「再努力一下吧！」若能把這句話改成：「如果你可以再稍微努力一下的話會更好喔！」這樣的語氣，更能激發出孩子繼續努力的意願。

家長千萬不要抱有刻板印象，想著孩子已經到這個年齡，應該都可以做到才對，而是要盡量在孩子達成目標或正在努力時，持續大力讚美孩子。

在這種時候，不要用「你真乖」、「你好努力喔」這類字眼讚美孩子，而是要盡可能具體的說出孩子正在為了什麼而努力、哪裡做得很好等，用心讚美孩子就是最重要的關鍵。

另外，要是孩子做出了優良的舉動，一定要立刻在當下就好好讚美孩子。

試著多找出孩子的優點

請媽媽睜大眼睛觀察孩子平時的行為舉止，挖掘出孩子專屬的優點吧！也可以問問爸爸、爺爺、奶奶、老師等平時親近的對象。將孩子的優點記錄在筆記本裡，做成一張優點清單給孩子看，告訴孩子：「媽媽發現了這麼多你的優點唷！」若是孩子平時聽到的總是「不可以」、「你為什麼都做不到呢？」等負面的言語，心靈原有的活力便會漸漸消失；反之，若是能多給予孩子認同與讚美，孩子也會比較願意傾聽父母的話語。平時千萬別吝惜多給孩子讚美，無論是父親或母親都別嚴厲批判孩子，而是要成為孩子最有力的後盾才是。

讚美孩子的訣竅

當孩子正持續付出或正在努力時必須讚美孩子

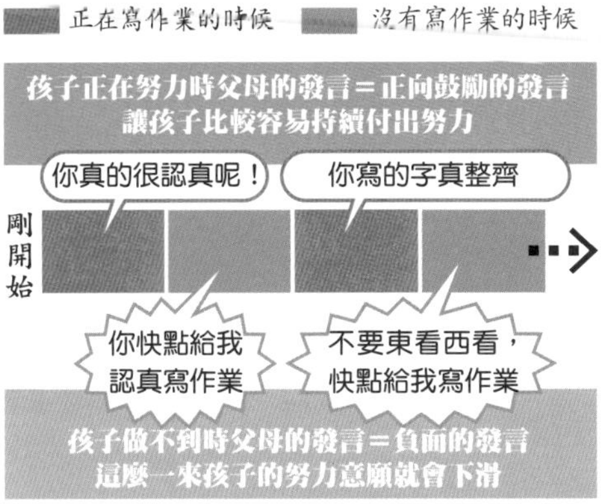
正在寫作業的時候
沒有寫作業的時候
孩子正在努力時父母的發言＝正向鼓勵的發言
讓孩子比較容易持續付出努力
你真的很認真呢！
你寫的字真整齊
剛開始
你快點給我認真寫作業
不要東看西看，快點給我寫作業
孩子做不到時父母的發言＝負面的發言
這麼一來孩子的努力意願就會下滑

具體地讚美孩子

你可以做好○○這件事真的很棒呢
因為你很努力去做○○這件事，
媽媽覺得很高興喔！

掌握好時機立刻讚美孩子

～錯失當下機會，讚美孩子效果會銳減～

我寫完作業了喔
你真的很認真呢！

就算做到的是理所當然的事也不要吝惜讚美孩子

我把書桌收好了喲
好整齊喔！

不要說出類似「你平常都這樣就好了」等嘲諷的話，以愉快的心情讚美孩子

你好棒喔
媽媽好開心
我有好好擺好
鞋子喔！

家長的目標＝1天讚美孩子3次

～持續讚美孩子會變得越來越擅長讚美～

小祐的優點清單

- 很有活力
- 很會玩遊戲
- 乖乖吃飯
- 笑容很可愛
- 非常認真做自己喜歡的事
- 體格很好
- 對別人很溫柔
- 做錯事時會直率道歉說「對不起」
- 知道各式各樣的遊戲玩法

雖然很多家長都會把眼光聚焦於孩子的問題行為上，不過只要試著一一寫出來，一定可以發現孩子專屬的優點

以簡單明瞭的方式教導孩子如何整理

ADHD孩子很不擅長整理、收納物品，但若是房間太過凌亂，孩子也無法好好靜下心來認真寫作業。請家長以簡單明瞭的方式，教導孩子如何整理收納吧！

找出適合孩子的整理方法

ADHD孩子經常無法了解究竟該怎麼做才能把東西收拾得整整齊齊，因此，請家長要以簡單明瞭的方式，教導孩子具體的整理方式。

要是媽媽本身非常擅長整理收納的話，很容易不知不覺就要求孩子也要做到與自己同樣的水準，可是，在孩子還不太了解收納技巧的情況下，就要孩子做到跟大人一樣的程度，實在是太為難孩子了。

請家長先下定決心只要求孩子能大致上整理完畢即可，再配合孩子的發展程度，找出比較簡單的收納方式，接著再與孩子一起討論，打造出一個容易收拾的房間環境。反之，要是媽媽本身也不太擅長整理收納的話，便可以讓孩子看看媽媽雖然也很不擅長、卻依然努力整理的身影，親子一起努力整理環境也不錯。

決定好擺放位置 一點一點慢慢收拾

無論如何，一開始先以物品不要隨意堆放為目標就好，為了達到這個目標，不要買太多玩具也是一大重點。建議可妥善運用箱子與盒子，把整理環境簡化為「只要放進去就好」，同時也要固定每項物品的收納場所。

像是教科書、書、講義類的紙張、遊戲、卡片、玩具等，每一項物品都必須決定好哪裡是專屬的放置空間。另外，也要在箱子或盒子上利用圖畫或文字做記號，標註好什麼物品該放進哪裡，也有助於讓孩子更清楚該如何收拾。書桌的抽屜裡面也要使用分隔板區隔出空間，花點心思設計，讓孩子一眼就能看出來什麼東西該放進哪裡。另外，要是等到房間已經太亂，會讓孩子越來越覺得收拾起來很麻煩，因此一定要在房間還沒有變得太亂之前，請孩子一點一點慢慢動手收拾才是上策。等到孩子收拾完畢後，立刻讚美孩子：「你真的很努力收拾呢！房間變得好整齊，心情也會跟著變好喔！」也是很重要的。

打造出容易收拾的房間環境

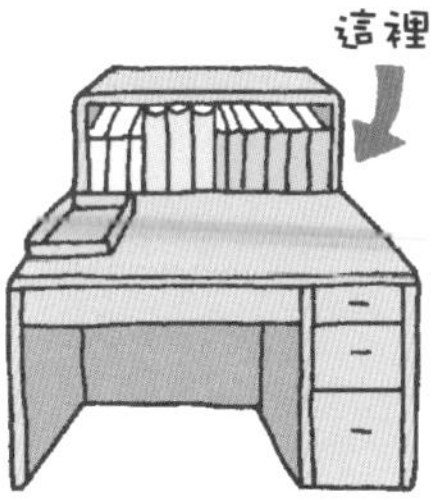

教科書放在書架上

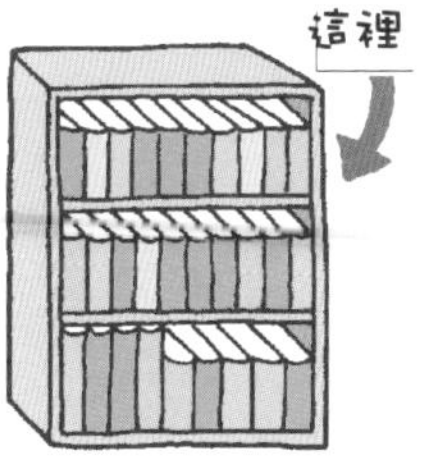

書放在書櫃裡

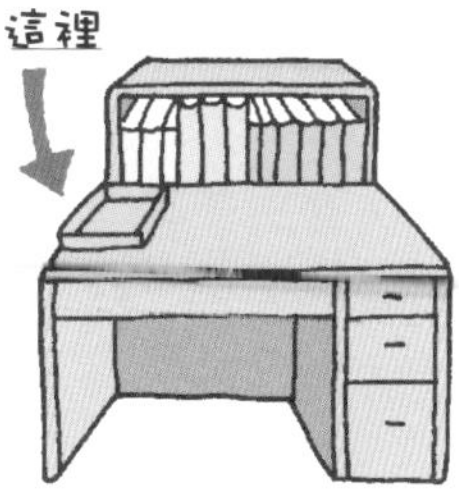

講義紙張類
放在盒子裡

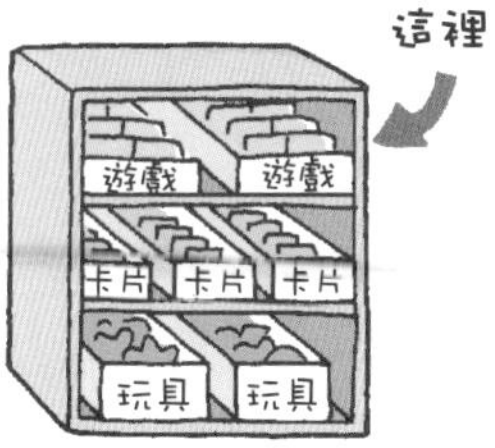

遊戲類放在最上層
櫃子的盒子裡

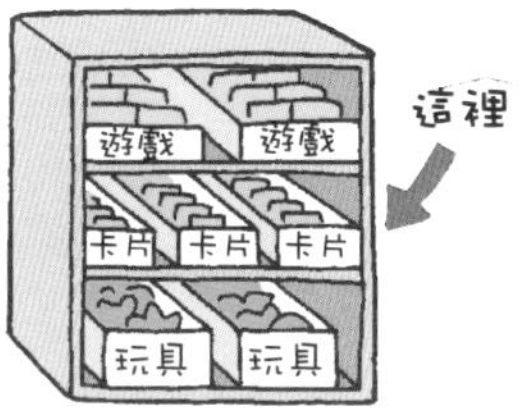

中間的盒子
放置卡片類

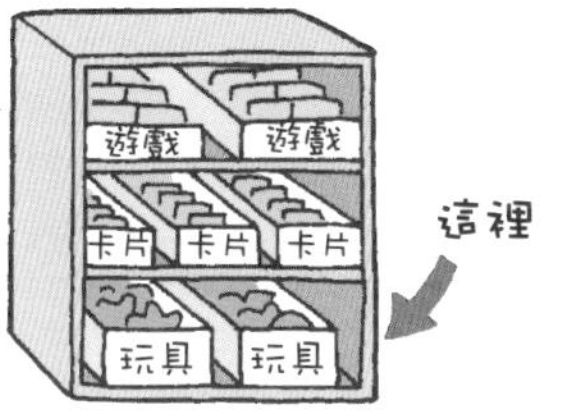

最下面的盒子
放置玩具

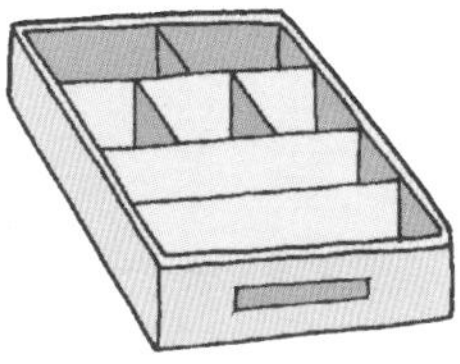

抽屜裏面也要以
分隔板做出區隔

關鍵重點

- 剛開始媽媽也要一起陪同整理收拾，教導孩子具體的收納方式
- 以圖畫或文字標明什麼東西要放在哪裡
- 在房間變得太亂之前，讓孩子一點一點地收拾物品
- 收拾完之後要記得讚美孩子很努力整理房間
- 讓孩子了解到收拾完房間後心情會變得很好的感覺

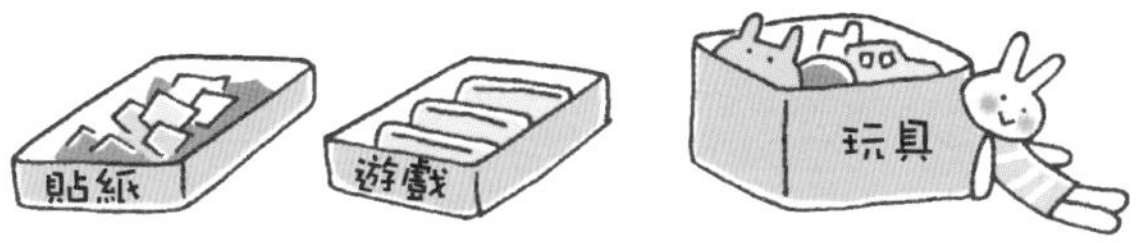

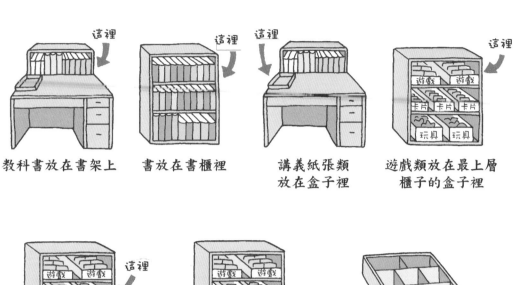

讓孩子累積成功的經驗

由於ＡＤＨＤ的孩子經常遭受責罵、被否定，因此很容易喪失自信。若能讓孩子藉由累積成功的經驗，培養出肯定自我的心態，便能幫助孩子確實發揮出原本具有的能力。

藉由成功的經驗 培養孩子的自信心

對於ＡＤＨＤ孩子而言，就算給了他努力的目標，也會很不情願地去做、或是隨便敷衍了事，通常都無法獲得很大的成效。舉例來說，如果要孩子把國字背下來，孩子也無法確實將國字記住、進而正確無誤地寫出來。也因此，孩子很難體會到只要自己好好努力學習就能做得到的感覺。

這麼一來，不僅無法提升孩子的努力意願，而且無論花多少時間也無法克服自己不擅長的領域。所以，就算只有一點點也無妨，家長應盡量讓孩子多多累積「只要自己付出努力、就可以順利完成」的經驗。只要讓孩子了解到願意努力就一定做得到，那麼即使是覺得麻煩的事情，孩子應該也會產生想要努力嘗試看看的心情。

將目標設定低一點 讓孩子擁有成就感

首先，將目標分成許多細項、或是將目標設定得低一點，讓孩子實際體會到「我做到了」的成就感。

花點心思不讓孩子失敗，一點一滴地累積「我做到了」的喜悅，是在教養ＡＤＨＤ孩子時非常重要的一環。同時，當然也要在孩子努力的過程中盡量讚美孩子，並多多利用點數制度或目標積分卡制度鼓勵孩子繼續努力。不過，千萬不要在孩子達成了一項目標之後，就急著對孩子說：「接下來就試試看這個吧！」立刻派給孩子下一個任務。因為要是家長忙不迭地加強目標的難度，孩子很容易就會感到疲憊不已。讓孩子親身體驗到付出努力所得到的甜美成果，充分享受到成就感後，孩子自己就會想要訂立下一個努力的目標，這樣是最好的良性循環。由於ＡＤＨＤ孩子本身並沒有太大的欲望，因此常會讓父母覺得孩子明明只要再多努力一點就一定可以做到，而感到焦慮不已。但是千萬別忘了，唯有本人才能為自己啟動努力的開關。

讓孩子累積成功經驗的訣竅

將功課分為許多細項，並將目標設定低一點，因為要是目標設定太高，很容易會失敗。把目標設定在孩子一定能成功的程度即可

將分量設定少一點。要是功課太多，孩子很快就會覺得厭煩就不做了

把目標寫在紙上，並張貼在顯眼的位置

無論是多細微的地方，只要孩子做到了就要具體地讚美孩子。給予孩子點數、把貼紙貼在點數卡上，讓孩子深刻感受到成就感

儘管上升的速度很緩慢，但孩子的確正在慢慢進步中。千萬不要因為孩子已經達成了一項目標，就立刻促使孩子面對更大的目標、或是急著給孩子別的課題

可以的話盡量讓孩子自己決定接下來要努力的目標。如果是自己決定的目標，也會更提得起勁去努力

教導孩子念書的方法

孩子上了國中或高中之後，學習難度也會提高。養成讀書的習慣，對ADHD孩子而言可說是個考驗。花點心思，幫助孩子找到方法並建立孩子的自信吧！

不要斥責孩子，要成為支援的後盾

一般來說，當孩子上了國中，便能夠自己在期中考前訂立讀書計畫，依照讀書計畫複習課業內容來準備考試。而且一旦得知申請高中時，在學成績也很重要的話，應該就會想要好好努力來取得更好的成績。

不過，ADHD的孩子很難放眼未來而在當下努力，就算心裡明白自己必須好好努力，也常會因為覺得麻煩，而將自己現在喜歡的事物放在優先位置，遲遲不願開始努力做正事。

雖然看見自己的孩子這麼不思進取，做父母的一定會感到相當焦慮不安，不過若是因此而教訓、責罵孩子，反而會帶來反效果。家長應該先花點心思營造出容易投入學習的環境，成為孩子精神上的強力後盾才對。

花點心思引導孩子念書

由於ADHD的孩子很容易就會分心，因此一定要將書房好好收拾整齊，不要擺放遊戲等與讀書不相干的物品。

媽媽也必須經常進入書房確認環境是否有維持整齊，一旦發現房間變凌亂，就要敦促孩子把環境收拾整齊。

另外，若是孩子有無論如何都做不好的事物、或是非常不擅長的科目，就算強迫孩子努力用功，恐怕也不會收到太大成效。與其強迫孩子做不擅長的事導致學習意願低落，倒不如多鼓勵他在擅長的科目發揮能力，培養出孩子的自信心。

其中，有些孩子在念書方面可能就連一個拿手的科目也沒有，這樣的話也就不需要強迫孩子一定要念書，試著讓孩子找到其他喜歡的事物會比較好。請家長花點心思讓孩子藉由讀書以外的事物，培養出將來生存下去的能力。當孩子正在付出努力、或是成功達成目標、表現比以往進步時，都要充分地讚美孩子。千萬不要因為孩子已經上了國中，就吝惜對孩子表達讚美之意喔！

花點心思引導孩子念書

當孩子上了國中、學習難度漸漸提升之後，
父母要直接教導孩子課業也會變得比較困難。不過，至少可以花點心思整頓好孩子的學習環境、同時成為孩子精神層面上的強力後盾！

整理好念書的環境

敦促孩子將書房整理乾淨，不要在書房裡擺放遊戲、電視等容易讓人分心的物品

在擅長的科目發揮能力

與其讓孩子經常感受「做不到」的感覺，不如讓孩子反覆體會「做得到」的感覺，逐步累積自信才是最重要的關鍵。可以與學校老師攜手合作，讓孩子在擅長的科目中發揮能力，也是不錯的方法

不要強迫孩子念書

若是孩子無論如何都不願意念書，就設法找出其他孩子擅長的事情、或喜歡的事物，讓孩子重拾自信心。一定要以培養孩子生存下去的能力為優先

考慮請家教一對一指導

可以請家庭教師來家裡、或是去上可一對一教學的補習班。由於可配合孩子本人的程度與學習步調給予指導，因此能提升孩子的學習意願、獲得進步

不要吝惜給予孩子讚美

當孩子正付出努力或成績獲得些許的進步時，一定要大力讚美孩子

不要貿然抽離孩子的生活，全力支援孩子

請家長不要因為孩子已經上了國中，就認為孩子應該可以照顧自己，而貿然抽離孩子的生活。與小學生活比起來，國中生活的所有要求都會提高，家長應對孩子保持關心，讓孩子一點一滴進步到可以自行處理生活大小事。

升上國中之後 不擅長的事會越來越多

當孩子升上國中之後，總免不了必須認真準備期中、期末考，或是在一定的期限內交出報告等，對於ADHD的孩子而言，不擅長的事情只會越來越多。

再加上孩子在學校裡會突然被當成大人來對待，老師也只會提供基礎的資訊而已，每一項科目都會由不同的專任教師指導，因此也無法針對ADHD的孩子給予特別的關心與照顧。在這樣的狀況下，要是連父母都因為孩子已經升上國中，而突然抽離孩子的生活，正面臨重重難關的孩子也只能舉雙手投降了。

由於此時孩子進入青春期，很有可能會對父母說的話充耳不聞、採取反抗的態度，但請家長還是要把孩子視作是實際年齡的3分之2左右，多點耐性與孩子相處吧！

了解孩子在學校的情況

若是父母總以命令的語氣對孩子說話，孩子只會回應「煩死了！」、「不然你自己來做啊！」等，如此一來只會引起親子之間的爭吵而已。平時請多加留意要盡量以平穩、若無其事的語氣與孩子溝通。當孩子在課業方面出現困難時，多與老師討論溝通是最好的辦法。可以事先與老師說明孩子的特質，請老師在孩子沒交作業時跟家長說一聲、或是孩子在學校發生什麼問題時與家長聯絡等，拜託老師多加留意孩子的情況。此外，家長最好也要多了解學校的整體氛圍與孩子的人際關係，徹底了解孩子在學校的情況；家長會也要盡可能多多出席，若能自願成為家長會的幹部，就能經常在學校內部進出，也是一個不錯的方法。還有，也必須多了解孩子參與的社團活動內容，盡量出席社團活動的聚會，用心與其他同學的父母保持良好的互動。請家長千萬別忘了孩子的心智還是遠比周遭同學來得幼稚，慢慢放手訓練孩子獨立才是上策。

孩子升上國中之後必須注意下列事項

●不要貿然認為孩子已經可以照顧自己

經常關心孩子是否可以自行處理日常瑣事

●掌握學校提供的資訊

頻繁出席孩子班上的家長會，與其他同學的家長及老師維持良好互動

●了解社團的活動內容

孩子社團的聚會也要記得一起參加，可以事先蒐集社團活動的訊息，避免孩子在社團比賽當天遲到、或是忘記攜帶必備的用具等

●與老師討論孩子的情況

先與老師溝通有關孩子的特質，獲得老師的理解。另外，像是讀書的方法與孩子有哪些問題需要改進等，也可以多與老師討論看看

●避免以命令的語氣對孩子說話

命令的語氣只會讓孩子感到厭煩而已，盡量以提供建議的語氣對孩子說話吧！

●確實整理收納

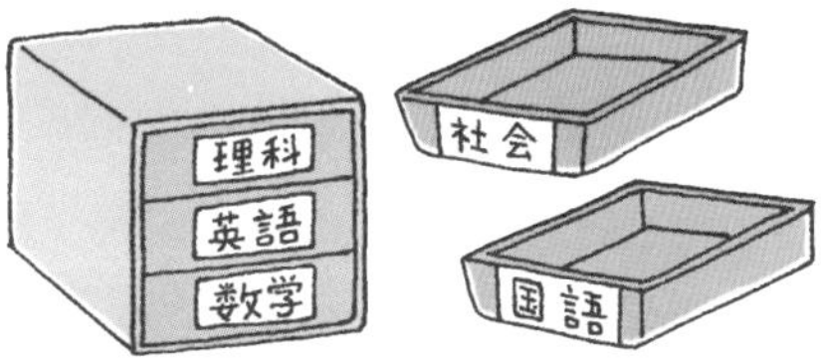

準備好可以將每一科講義、考卷都分門別類收納完成的收納盒，教導孩子輕鬆收納的方法

專欄

父母管理訓練

家長之間彼此交流 讓自己重新打起精神

所謂的父母管理訓練指的是，讓 ADHD 孩子的家長接受「提升父母親職能力技巧」的指導，一般來說對於治療 ADHD 而言非常有效。

父母管理訓練通常會藉由 8 ～ 10 次的聚會，在每週固定的時間（1 ～ 2 小時）內舉行。每一位指導者負責訓練 5 ～ 10 位的父母，讓大家學習有關下圖的內容。

一般來說，父母效能訓練會在醫療機構或療育機構內舉辦，若是住家附近有方便前往的地點舉辦父母管理訓練的話，請家長務必要前往參加。

在這個場合下，也可以認識到與自己抱有同樣煩惱的其他父母，藉著彼此交流溝通，一定可以為對方、也為自己填滿元氣，重新打起精神教養孩子。

若是身邊沒有這樣的團體，則可以自行看書嘗試自我訓練，也是一種可行的方法。

父母管理訓練的內容

1. **講解關於 ADHD 的特徵**
2. **依照孩子的行為分別說明**
3. **練習將目光投注在孩子的優點上**
   由於家有 ADHD 孩子的父母，總是容易將目光聚焦在孩子的負面行為上，因此必須練習挖掘出孩子的優點
4. **特別時光**
   講解＜如何和孩子共度愉快的時光＞
5. **練習對孩子發出簡單的指令，當孩子達成後立即給予讚美**
6. **練習當孩子做出自己不喜歡的行為時可以視而不見**
7. **講解如何做出有效的指令、並說明點數獎勵制度等**

第4章

【自閉症】教養的實踐對策關鍵就在這裡！

自閉症的孩子是怎麼樣的孩子呢？

自閉症孩子乍看之下或許會有點奇怪，因為自閉症的孩子遇到事物所做出的反應，有時會異於一般孩子。不過，這是因為他們的大腦機能出現障礙所引起，並不是家裡沒有教好的關係。

對他人漠不關心，不善經營人際關係

自閉症孩子具有3種明顯的特質。

①不擅長與人相處

自閉症的孩子基本上對其他人不感興趣，幾乎不會對別人表現出親暱感。就算別人主動呼喚他的名字，自閉症的孩子也不會有所回應，甚至就連眼神也不會與對方有所接觸。

這些行為絕對不是因為自閉症孩子無視於別人的存在，而是因為非常不擅長與別人相處。也因此，對自閉症的孩子而言，要與別的孩子互相協助共同完成某件事、建立起友誼關係是非常困難的。

②無法與他人建立良好的溝通

自閉症的孩子會像是鸚鵡般重複對方的發言，例如當有人詢問自閉症的孩子：「你叫什麼名字？」得到的回應會是：「你叫什麼名字？」若是請自閉症的孩子「拿一下那個」，也會得到一樣的回應「拿一下那個」。

這是因為自閉症的孩子語言發展比較遲緩，無法確切理解他人問題與指令的內容，只能記住對方的發言而重複朗誦出來而已。

而且，自閉症的孩子也無法從對方的表情或行為舉止，來判斷出對方目前的心情如何。因此，就算明明被惹怒了，自閉症的孩子卻可能會表現出一副裝作不知道的樣子或是笑出來等，展現出不符合當下情況的態度。

由此可知，自閉症的孩子也非常不擅長表達出自己的心情。像這樣無法與別人做出有效的對話、建立良好的溝通，就是自閉症的最大特徵。

③具有強烈的個人堅持

自閉症的孩子經常會重複同樣的動作或行為，完全沒有一絲厭煩的跡象，比如說不停地輕輕抖動雙手、上半身反覆前後搖晃等。這是因為自閉症的孩子會藉由這樣的行為，來舒緩自己不安與緊張的情緒。

不僅如此，自閉症的孩子會非常堅持應有的做事順序或行走路線等，只要出了些許差錯就會感到混亂不已，甚至還會陷入焦慮恐慌的情緒當中。

自閉症孩子的主要特徵

不擅長與人相處

- 就算別人叫他的名字也不會有所回應
- 不會與別人四目相接
- 喜歡自己一個人玩遊戲
- 不擅長團體行動
- 無法順利與別人建立友誼

無法與他人建立良好的溝通

- 語言發展較為遲緩或有所偏頗
- 很難與別人建立對話
- 像鸚鵡般仿說，重複別人的言語
- 不擅長從對方的表情或行為舉止來判斷出對方的心情
- 不擅長傳達自己的情緒
- 想要做某件事時，不會以言語表達出來，而是會當場表現出反抗的態度

具有強烈的個人堅持

- 固執地反覆執行同樣的動作或行為
- 對特定的物品異常執著
- 堅持一定的順序與路線
- 無法跟上突如其來的變化或改變

其他特徵

★感官方面的失調

- 對聲音會做出過大的反應
- 可能會極端地討厭被別人觸摸
- 極端地偏食
- 對痛覺特別遲鈍、敏感
- 對冷熱特別遲鈍、敏感

★能擁有天賦異稟的才能或藝術方面的天分

自閉症的診斷準則與治療法

自閉症是先天腦部功能受損而引起的神經發展障礙。請家長務必配合孩子的特徵整頓出適合孩子的生活環境，全面支援孩子的日常生活。

在3個領域中會出現神經發展障礙

大部分自閉症孩子都是到2～3歲的階段，出現還不太會說話、對於母親的呼喚毫無反應、不會與別人四目相接等表現，讓父母感到「好像有點奇怪？」，才察覺患有自閉症。而有些孩子可能是到了3歲兒童定期健檢時，才被醫師判定屬於自閉症。若懷疑孩子患有自閉症，醫師會藉由下列方式來觀察孩子，比如呼喊孩子的名字是否會做出反應、說話的情況、平時都說些什麼、孩子與母親的相處方式等。接下來也會詢問雙親，孩子更小的時候狀況如何與平時的表現等，再做出診斷。在美國精神醫學會制定的「DSM－5」中，若是在人際關係與社交溝通、興趣與活動等2大領域中都出現神經發展障礙的孩子，就屬於自閉症。

以簡單明瞭的方式教導孩子就是治療的根本

對自閉症的人來說，不明白的事物要以簡單明瞭的方式來說明。為了簡單明瞭地教導孩子生活中的日常規範，就必須先了解孩子的特質，徹底掌握他擅長的領域與感到困難的領域才行。

①靈活運用視覺效果

大部分的自閉症患者比起從耳朵聽取資訊，直接以雙眼所見會更容易明白內容。因此若能利用圖畫、照片、文字等說明每日行程或做事順序，會讓自閉症患者更容易了解。

②事先訂立計劃

若能事先對自閉症患者說明做事順序，提前讓他們了解行程安排，大部分的自閉症患者都會感到比較安心。

③具體地指導

讓自閉症患者確切掌握自己何時何地要做什麼，會非常有幫助。但不只是讓孩子遵照指示，而是要花點心思讓孩子能夠自己選擇要玩的遊戲或要做的活動。也就是說，不要只讓孩子照本宣科，而是要支持孩子表達出意願，進而按照自己的意願來做事。

自閉症類群障礙症的診斷準則（DSM－5）

A 在多重情境中持續有社交溝通及社交互動的缺損，於現在或過去曾有下列表徵（範例為闡明之用，非為詳盡範例）：

1 社會－情緒相互性的缺損。包含範圍如：從異常的社交接觸及無法正常一來一往的會話交談，到興趣、情緒或情感分享的不足，到無法開啟或回應社交互動

2 用於社交互動的非語言溝通行為的缺損，包含範圍如：從語言及非語言溝通整合不良，到眼神接觸及肢體語言異常或理解及運用手勢的缺損，到完全缺乏臉部表情及非語言溝通

3 發展、維繫及了解關係的缺損，包含範圍如：從調整行為以符合不同社會情境的困難到分享想像遊戲或交友的困難，到對同儕沒興趣

B 侷限、重複的行為、興趣或活動模式、於現在或過去至少有下列2項表徵（範例為闡明之用，非為詳盡範例）：

1 刻板的（stereotyped）或重複的動作、使用物件或言語（例如：簡單的刻板動作、排列玩具或翻彈東西、仿說、奇異語詞）

2 堅持同一性、固著依循常規或語言及非語言行為的儀式化模式（例如：對微小的變化感覺極端困擾、在面臨情境轉換的調節上有困難、僵化的思考模式、問候/打招呼的儀式化行為、每天固定路徑或吃相同食物）

3 具有在強度或焦點上顯現到不尋常程度的高度侷限、固著的興趣（例如：強烈依戀或於不尋常的物件、過度侷限的或堅持的興趣）

4 對感官輸入訊息反應過強或過低或是對環境的感官刺激面有不尋常的興趣（例如：明顯對疼痛/溫度的反應淡漠、對特定聲音或材質有不良反應、過度聞或觸摸物件、對光或動作的視覺刺激著迷）

C 症狀必須在早期發展階段出現（但是缺損可能到社交溝通需求超過受限能力時才完全顯現，或是可能被年長後習得的策略所掩飾）

D 症狀引起臨床上社交、職業或其他重要領域方面顯著功能減損

E 這些困擾無法以智能不足（智能發展障礙症）或整體發展遲緩做更好的解釋。智能不足與自閉症類群障礙症常並存；在做出智能不足與自閉症類群障礙症共病診斷時，社交溝通能力應低於一般發展程度所預期的水平

（資料來源：DSM-5 精神疾病診斷準則手冊，台灣精神醫學會翻譯/審閱，合記出版社）

以簡單明瞭的方式與孩子說話

對自閉症的孩子而言，用耳朵聽取別人的話語並加以理解是相當困難的事。尤其是聽到較長的敘述或包含多項訊息的語句時，很容易會感到混亂。因此請家長盡量以簡短的字句、簡單明瞭的方式與孩子說話。

花點心思以簡單的方式傳達

與一般的孩子相較之下，自閉症的孩子語言發展會比較遲緩或有所偏頗，因此與自閉症的孩子說話時，他們比較無法順暢地理解內容。

特別是較長的敘述，對自閉症的孩子而言相當困難。舉例來說，明明是對孩子說：「先去洗手，再吃點心吧！」孩子卻有可能會想要直接跑去拿點心開始享用。這絕對不是因為孩子一心只想著快點吃到點心，而選擇性地忽略媽媽說的話。而是只要聽到的語句稍微長一點，自閉症的孩子很快就會遺忘前面說的話。另外，若是對自閉症的孩子說「請你好好收拾東西」，有些孩子可能會一下子愣住、會意不過來，這是因為孩子不明白所謂的「好好」是指什麼程度。因此，父母在跟孩子溝通時，必須花點心思挑選用字遣詞與說話方式，多留意以簡單明瞭的方式與孩子說話。

一項一項傳達指令，盡可能簡短明確

在對孩子下達指令時，必須盡可能簡短、並使用簡單易懂的字句。以「先去洗手再去吃點心吧！」來舉例，必須先說：「先去把手洗乾淨。」等孩子洗好手之後再說：「現在去吃點心吧！」孩子就能順利地完成指令。千萬不要在一句話中包含2件事，孩子才不會混淆。

另外，也不要說出「請你好好收拾東西」這種模糊的指令，而是要以具體的方式說出：「請你把剪刀放進抽屜裡。」而且最重要的是要一字一句清楚地發音，不可小聲模糊地帶過。

不過，對孩子說話時絕對不可以太大聲，因為自閉症的孩子對聲音非常敏感，只要一大聲說話，孩子就會以為別人在對自己生氣，而產生畏懼或反抗的心態。而且過大的音量也有可能會引起孩子陷入恐慌，請家長務必留意，隨時都要以平穩溫和的語氣對孩子說話。

只要說得簡單一點、孩子就能理解！

平時花點心思挑選用字遣詞及易懂的說話方式吧！

對孩子下指令時，要依照步驟一個一個慢慢說

✕ →○

「把鞋子拿出來穿起來吧！」 → 「把鞋子拿出來吧！」「把鞋子穿起來吧！」

✕ →○

「先洗好手再去喝牛奶吧！」 → 「去洗手吧！」「去喝牛奶吧！」

孩子成功按照指令行動後要記得讚美孩子

注視著孩子的眼睛，一字一句緩慢清楚地發音

以平穩溫和的語氣對孩子說話

具體地對孩子說話

✕ →○

「稍微等我一下喔」 → 「要等我等到 9 點喔」

✕ →○

「去拿那個過來」 → 「去拿杯子過來」

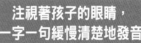

勿以否定的言語斥責孩子

自閉症的孩子對於「不可以」、「不準」等否定的字眼非常敏感。因此在教養孩子時，應避免斥責孩子，而是直接告訴孩子該怎麼做就好。

隨時留意對孩子使用肯定的詞語

當孩子似乎快要去做些不該做的事時，父母總會容易用「不可以！」、「住手」等字眼來喝斥孩子。不過，就算對自閉症的孩子說：「不可以！」孩子也無法理解什麼事情不可以、自己究竟該怎麼做才好。聽到尖銳的語氣，只會讓孩子感到混亂而已。

像是「不可以」、「不準」等否定或制止的詞語，請家長只在真正危險的時刻使用就好，平時盡量不要使用這樣的字眼。

就算不說「不可以！」，也還是可以將孩子引導至對的方向。舉例來說：「不可以在牆壁上寫字！」就可以用「你把字寫在這張白紙上吧！」來取代。

還有，別對孩子說：「不要發出這麼大的聲音！」只要對孩子說：「以普通的音量說話吧！」就可以了。

最重要的是，具體地告訴孩子究竟該怎麼做，來取代對孩子說「不可以」。這麼一來，孩子便能安心地付諸行動。對自閉症的孩子而言，能夠感到安心是非常重要的事。

父母親只要平時多留意使用簡單易懂的詞彙，讓孩子時時保持安心，孩子就會漸漸地越來越穩重，相對地，父母本身的焦慮感應該也會大幅降低才對。

培養孩子的自我肯定感

平時絕對不可以對孩子說出：「你怎麼連這麼簡單的事都不知道。」這種會傷害孩子自尊心的話。孩子的每一天都充滿了很多不明白的事情，在這樣的狀況下又承受父母親尖銳的口吻，只會變得越來越不安。雖然孩子無法完全理解父母言語中的含意，但是卻能清楚地感受到自己是受到尊重、或被貶抑否定。

正因為自閉症的孩子很難與別人建立互動的人際關係，所以更要在家庭當中為孩子培養自我肯定的感受。

教養孩子時，應直接告訴孩子該怎麼做來取代「不可以」

只要明白自己該怎麼做，孩子就能安心地付諸行動

具體地告訴孩子

以溫和的口氣對孩子說話

應避免使用這些字彙

- 不可以！
- 住手
- 不准這樣做
- 你到底在幹嘛？

試著換一種說話方式

× → ○

「你不可以不收拾玩具呀！」→「把玩具放進箱子裡面吧！」

× → ○

「不要把髒毛巾隨便放在地上」→「把髒毛巾放進洗衣籃裡面吧！」

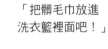

以簡單明瞭的方式教導孩子生活習慣

要是孩子一直遲遲學不會基本的生活習慣，父母親當然會感到焦急不已。不過，其實孩子只是不了解作法才做不到而已。只要一項項仔細地教導，孩子就可以做得到。

花費許多時間是理所當然

像是上廁所、換衣服、洗臉、刷牙等基本的生活習慣，孩子並不會在不知不覺間就學會，家長必須要很有耐性地仔細指導孩子才行。

尤其是自閉症的孩子更是如此，就連「洗臉」這麼單純的動作，孩子也不知道該如何進行。只將下巴沾濕了就以為自己已經洗好臉，這種情形時常發生。

而訓練孩子上廁所更是一件複雜的大工程，必須花費許多時間才能讓孩子完全熟記上廁所的步驟，請不要操之過急，耐心教會孩子吧！

將步驟分成多項細節讓孩子一步一步學會

若想要一鼓作氣把所有步驟都一次教給孩子，只會讓孩子感到混亂而已，反而對親子雙方都造成壓力。因此，必須將每一個生活習慣都詳細分割成一個一個小步驟，一項一項慢慢教導孩子。在教導孩子的時候，請靈活運用插圖、照片與文字卡片等輔助工具，讓孩子更能理解內容。

舉例來說，上廁所這件事可以區分為「打開廁所的電燈」、「放下馬桶蓋」、「脫褲子」等，把每一個動作分割開來，便能簡單明瞭地教會孩子該如何自己上廁所。

由於自閉症的孩子特別在意細節，因此就連衛生紙要使用多少、水要沖幾次等枝微末節，都要具體確實地告訴孩子。剛開始訓練孩子時，要把維持孩子的意願放在第一優先，在孩子遇到困難的時候不要吝惜給予孩子援助，同時從旁提示孩子下一個動作該做什麼，一步一步引導孩子。

就算孩子無法將每個步驟都做得很完美，只要能順利完成2個左右的正確順序，就可以給予孩子大大的讚美。接下來當孩子做得到的步驟越來越多時，也別忘了讚美孩子。

無論教導孩子任何事情，都要經常伴隨著讚美，就是讓孩子順利進步的訣竅。

教導孩子基本生活習慣的訣竅

比起用耳朵聽，自閉症的孩子更容易理解用眼睛所見的訊息。
因此，請靈活運用插圖、照片與文字卡片來教養孩子。

1 將步驟依序劃分細節，以插圖提示內容，張貼於顯而易見的位置

剛開始孩子需要邊看邊做，等到習慣之後即使不必看也可以做得很好

2 區分成一個個小動作教導孩子

一開始要從旁協助孩子，提示孩子下一個動作要做什麼

3 即使只是小動作做到了就要讚美孩子

在父母的讚美之下，孩子做得到的事情就會越來越多

該如何上廁所 上大號

① 打開廁所的電燈
② 放下馬桶蓋
③ 脫下外褲與內褲
④ 坐在馬桶上
⑤ 上大號
⑥ 用衛生紙擦屁股
⑦ 沖 1 次水
⑧ 穿上內褲與外褲
⑨ 掀起馬桶蓋
⑩ 關掉廁所的電燈

讓孩子了解該怎麼脫下褲子

讓孩子了解擦屁股該使用多少衛生紙
＊舉例來說，在牆壁貼上膠帶，標明一次該拉多少長度的衛生紙再撕斷

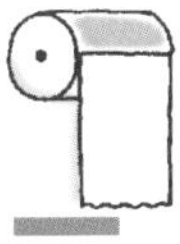

讓孩子了解該沖幾次水、該按哪一個按鈕

刷牙、洗臉、洗手

像是刷牙、洗臉、洗手等生活習慣，也要以相同的方式列出每一個詳細的步驟教導孩子。把正確的順序寫出來並張貼於洗臉台上

換衣服・洗澡

換衣服與洗澡的詳細步驟，也要張貼在浴室的門口或更衣間裡

幫孩子製作出1日行程表

對自閉症的孩子而言，將心裡預想之後的事並付諸行動是一件非常困難的事。請幫孩子製作出1日行程表，讓孩子能夠清楚掌握自己接下來究竟該做些什麼吧！這麼一來，便能讓孩子安心度過每一天。

由於不知道下一步該怎麼辦而感到非常不安

對一般的孩子來說，自己就可以藉由過往經驗推測出接下來要做的事，並直接付諸行動，做好眼前這件事就會知道接下來會發生什麼事，因此並不會特別感到不安。但是，自閉症的孩子很難從自己的經驗來預測接下來會發生的事。例如早上起床後要換衣服、洗臉、吃早餐、刷牙、上廁所、去上學等，自閉症的孩子無法自行推測這一連串的流程而自動自發去完成。

不僅如此，自閉症的孩子對於時間的概念也付之闕如。假設再過30分鐘就必須去上學，一般的孩子會知道應該要快點把早餐吃完，但自閉症的孩子卻沒有這樣的概念，無法自行計算時間並採取相應的行動。

因此，自閉症孩子總是感到非常不安，因為不知道自己接下來該做出什麼動作、做些什麼才好，對這些完全毫無頭緒。

花點心思讓孩子能順利轉換心情

若能幫孩子製作出簡單的1日行程表，讓孩子能夠一眼就看懂自己該做哪些事，會很有幫助。只要讓孩子明白自己必須做哪些事，就能安心度過每一天的日常生活。

上面提到的行程表不僅能讓孩子知道自己下一步該做什麼，還能幫助孩子主動採取行動。但要是孩子本身不能認同、無法理解這樣的行程安排，則毫無意義。

教養自閉症孩子時，最常被採用的就是利用白板製作的簡易行程表。

剛開始採用這個方法時，早上該做的事當中只要挑選大約3個比較重要的事項，張貼在白板上。當孩子不知道自己該做什麼的時候，就讓孩子去確認白板上的提醒即可。

當這個方法奏效之後，就可以開始製作1整天、1週、1整個月的行程表，循序漸進讓孩子越來越進步。

靈活運用行程表，讓孩子知道下一步該做什麼

使用白板會很方便

從簡單的行程表開始做起

・將白板放置在小孩房間的門上等比較顯眼的地方

・花點心思畫上插圖，讓孩子一看就懂

・為了避免孩子感到混亂，剛開始時只要提示 3 個重要的事情即可

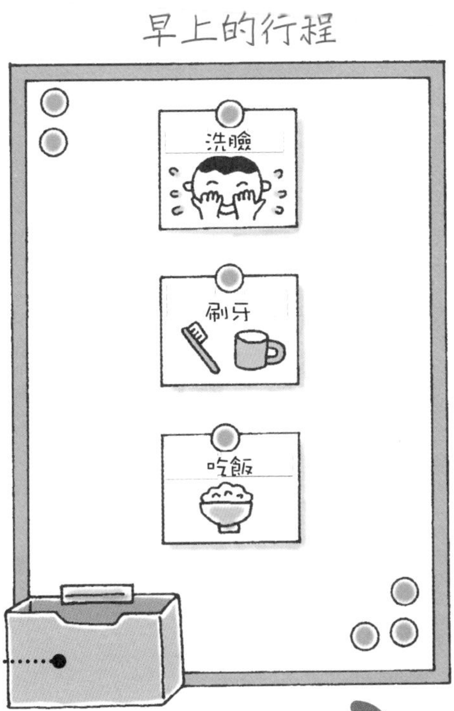

・直到孩子可以自行做到之前，每天都要讓孩子一一確認

・等到孩子習慣後，就可以增加要做的項目

・做完一件事項後就把卡片放進下方的盒子裡

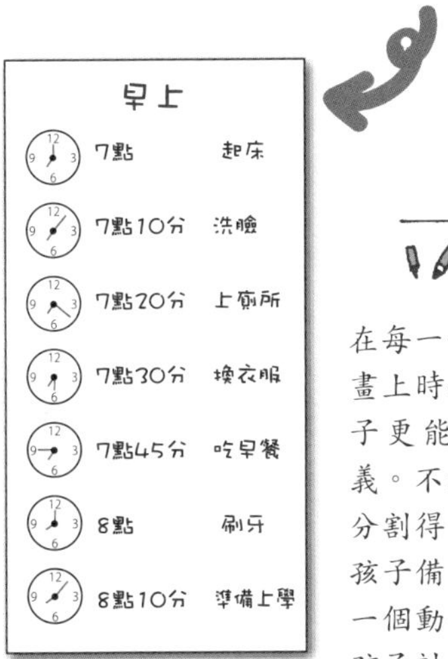

時間	事項
7點	起床
7點10分	洗臉
7點20分	上廁所
7點30分	換衣服
7點45分	吃早餐
8點	刷牙
8點10分	準備上學

在每一個動作步驟旁邊畫上時鐘的插圖，讓孩子更能理解時間的意義。不過，要是把時間分割得太細，可能會讓孩子備受壓力，因此每一個動作步驟都要先與孩子討論過後再決定

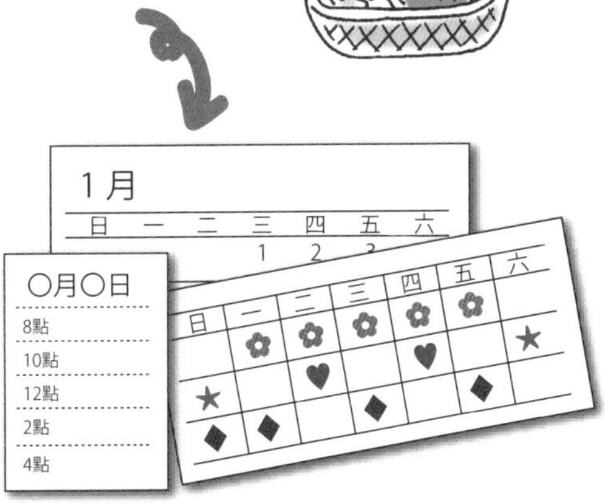

等到孩子越來越熟練之後，就可以開始製作 1 整天的行程表、1 週的行程表、1 整個月的行程表，循序漸進讓孩子越來越進步

能幫助孩子自行獨立的療育

現在，大部分的自閉症孩子們，都會在療育機構中接受療育。雖然自閉症無法完全治癒，但卻可以藉由妥善的療育，讓孩子成長進步，將來也可順利融入社會。

自閉症療育的主流是「TEACCH」

「TEACCH」（結構教學法）是一種專為自閉症所設計的治療模式，在全世界45個以上的國家中被廣泛地採納實踐。在日本，「TEACCH」漸漸也成為了自閉症療育的主流方式。

「TEACCH」細膩地掌握自閉症孩子每一項特質，包含其獨特的感知與理解方式，將孩子培養得更獨立自主，活出自己精采人生，同時，在孩子的人生給予支援。孩子也必須以自力生活為目標，學習各式各樣的生活技能。雖然腳步可能會比較緩慢，但一定可以慢慢學會與人溝通，以自我意志採取行動，並漸漸適應社會生活。看著自閉症孩子一點一滴的成長，絕對會是整個家族的莫大喜悅。

藉由結構化教學幫助孩子理解

在TEACCH教學法中，非常重視「結構化」的教學方式。所謂的結構化，是專門為比較擅長用視覺理解訊息內容的自閉症孩子設計、能夠發揮自閉症孩子特質的一種方法，為孩子創造出容易理解的學習環境。

比如說，大量使用插圖與文字卡片標示出物品的收納位置、製作出生活行程表等，就是結構化教學的展現。

利用孩子一眼就能看懂的結構，讓孩子能夠安心度日，就是所謂的結構化教學。若能製作步驟圖表，呈現出刷牙與換衣服的方法等基本生活技能，以結構化的方式讓孩子理解，孩子便能順利學會。在家裡也可以利用結構化的方式引導孩子，告訴孩子這裡是唸書的房間、那裡是吃飯的房間、哪裡又是全家人一起共度家庭時光的房間等，以明確易懂的方式告訴孩子，孩子便能愉快放鬆地度過家庭生活。

不僅如此，更可以將孩子的房間劃分成讀書區域、遊戲、睡覺、更衣等不同區域，把每一件事的地點都明確區分清楚，就可以讓孩子不會感到混淆，集中精神讀書。

以結構化讓孩子更容易理解

將生活中的各種物品都打理得一目了然吧！

抽屜櫃

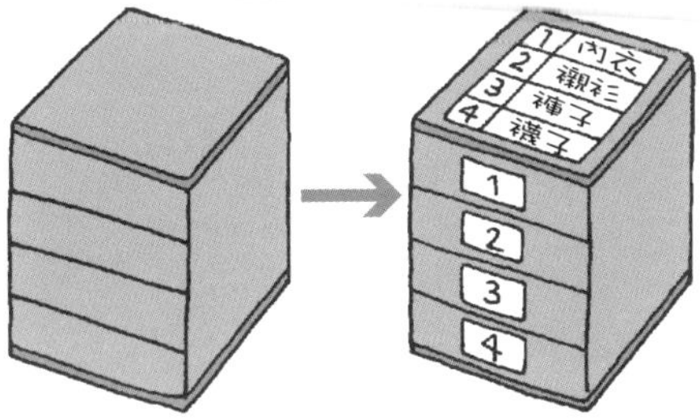

不知道裡面該放些什麼。

在每一格抽屜都貼上標籤，讓孩子一目了然。

盒子

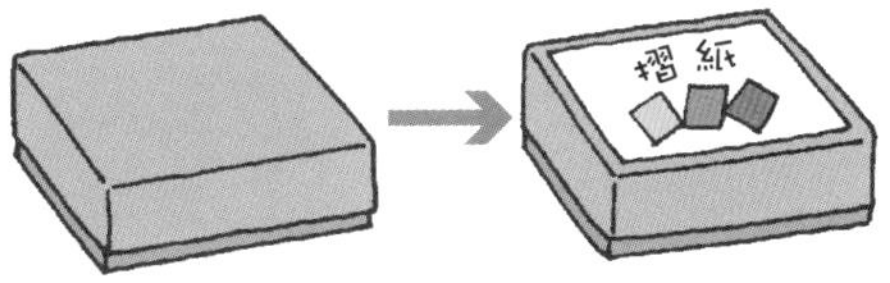

不知道裡面放了些什麼。

在盒蓋貼上圖片，就能讓孩子立刻了解盒子裡面放了些什麼。

洗髮精

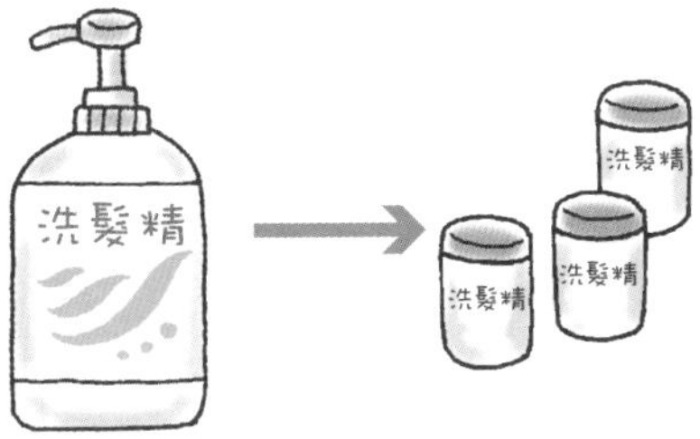

不知道一次該用多少用量。

把洗髮精分裝成 1 次的用量，就很容易理解。

門、廁所、浴室

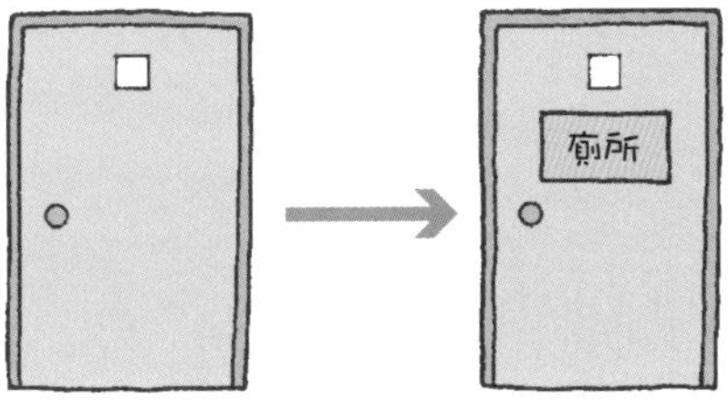

使孩子清楚了解在每個地方分別該做哪些事，便能讓孩子感到安心。

步驟表

了解每一件事的步驟、方法，便能讓孩子感到安心。剛開始訓練孩子時，父母也要一起進行，示範給孩子看！

刷牙的方法

孩子在刷牙時會不知道該刷到什麼程度才好，因此一定要寫清楚刷牙的次數，最後也一定要寫清楚「結束」。

購物的方法

購物的步驟卡必須設計成適合拿在手上隨身攜帶的尺寸。將步驟卡護貝起來，就算淋到雨也不會沾濕，非常方便。

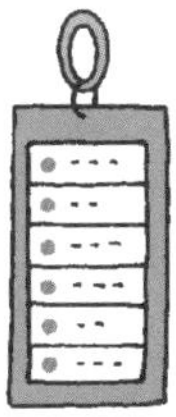

專欄

與自閉症孩子相處時要特別留意的事

自閉症孩子在感覺方面會稍微異於常人，並擁有獨特的行為模式。
即使是一點點小事也可能會傷害到自閉症的孩子，
因此在與他們相處時，應當特別注意下列事項。

不要隨便觸碰孩子的身體

一般來說，大人可能會在向孩子道「午安」時，自然而然地摸摸孩子的頭、或是順勢摟抱一下孩子的肩膀。但由於自閉症孩子的肌膚感覺特別敏銳，因此會極端地討厭別人觸碰自己的身體。

當孩子出現厭惡的反應時，絕對不是討厭你這個人。在與自閉症孩子接觸前，應該先了解到孩子具備這樣的特質，多留意不要隨便觸碰孩子的身體。

即使孩子做出奇怪的舉動 也不要嘲笑或捉弄孩子

自閉症的孩子可能會時常晃動手臂、蜷曲身體、或是從手指間的細縫窺視別人等，做出一些旁人看起來非常奇妙的行為舉止。

這些行為就像是一種癖好，本人也無法停止。要是因此而比手畫腳地嘲笑他、捉弄他，孩子很容易就會受到傷害。請溫暖地從旁守護著孩子吧！

若是孩子主動搭話 請溫柔地聆聽

若是自閉症的孩子主動過來找人搭話，請靜靜地聆聽孩子的話語。即使是自閉症的孩子，也會有想要找誰說說話、獲得對方注意的時候。

不過，可能大部分的時候都會聽不懂孩子到底在說些什麼。

雖然無法與孩子成立有來有往的對話，但你只要帶著笑臉聆聽孩子的話語，孩子便能感到滿足。

當孩子看起來不知所措時 不要吝惜出聲幫助孩子

自閉症的孩子就算遇到了困難，也無法自己開口向別人尋求幫助。

要是看到自閉症孩子毫無意義地搖晃雙手、看起來很不安地喃喃自語，似乎遇到什麼困難的樣子，就請溫柔地出聲幫助孩子吧！

就算孩子沒有主動發出「SOS」訊號，周圍的大人也要多加留意孩子的一舉一動，適時協助孩子。

第5章

該如何面對
成人的神經發展障礙

有些人是長大成人後才察覺患有神經發展障礙

雖然神經發展障礙的特徵會在孩童成長到3～5歲之間變得較為顯著，不過，在智能上沒有異常遲緩情形的亞斯伯格症與ＡＤＨＤ患者，卻不容易被察覺。因此，有許多人都是長大成人後感覺自己好像有哪裡不對勁，前往就診才終於察覺到患有神經發展障礙。

在智能方面沒有遲緩其他症狀很容易就被忽略

近年來，成人的神經發展障礙漸漸被大眾正視。所謂成人的神經發展障礙，並不是長大成人後才突然發作，而是雖然從小時候就有出現徵兆，卻一直沒有被察覺。

神經發展障礙是與生俱來的，並不會在某一天突然出現症狀，也不會隨著成長而自行痊癒。若是在小時候察覺出患有發展遲緩，就能接受療育或藥物治療以控制症狀，不過要是一直沒有被察覺的話，非但不能接受任何支援，甚至會在連本人都不知情的狀況下，就這麼在社會中隨波逐流。

尤其是亞斯伯格症與ＡＤＨＤ並不會出現智能上的遲緩情形，因此周遭旁人也很難察覺到他們的與眾不同。

很可能會引起憂鬱症或成為閉門不出的繭居族

如果是從小時候開始就經常被說成、是奇怪的孩子、吵鬧的孩子，雖然彷彿若無其事地度過了孩童時期，但在長大成人之後並不會就此自行痊癒，順利融入社會。

亞斯伯格症患者由於無法與周圍的人建立起良好的溝通，因此在工作上也沒有辦法順利進行。周遭人士通常都會認為他是無法互相協調合作的人，而對他採取敬而遠之的態度。

而ＡＤＨＤ患者也會因為經常忘東忘西與遲到，或是在工作進行到一半時撒手不管，因此也會經常遭受旁人的白眼。這麼一來，本人也會喪失自信，漸漸地害怕與人群接觸，陷入憂鬱狀態或成為閉門不出的繭居族。

有些人是超過30歲之後，總覺得自己好像跟別人不太一樣、感覺自己似乎快要活不下去的時候，一經診察才發現自己原來是神經發展障礙。近年來這樣的人也有越來越多的趨勢。

一旦了解到自己為何會活得這麼辛苦，就能針對其原因研擬出解決對策。如果你也感覺到自己似乎有這些症狀，請及早前往專門的醫療院所接受診察。

遇到這種情形可能就是成人的發展遲緩

- [ ] 從小時候開始就常被別人說自己有點奇怪，與朋友之間的相處也感到很棘手。

你好像
有點怪怪的
……

- [ ] 不擅長與人溝通，常會造成別人的困擾、或是惹怒對方。
- [ ] 無法理解會議內容，回答牛頭不對馬嘴。
- [ ] 不斷反覆同樣的失敗經驗。

你怎麼又
做錯了呢？

- [ ] 不擅長團隊合作完成工作。
- [ ] 不擅長事前準備，工作無法順利進展。
- [ ] 對事物毫無規劃，常在中途遇到挫折。

沒辦法
去上班……

- [ ] 總覺得自己好像跟別人不太一樣。
- [ ] 感覺自己快要活不下去，經常陷入憂鬱狀態。

成人與孩童的神經發展障礙有何差異呢？

無論是孩童或成人，神經發展障礙的特徵都是一樣的。只不過，長大成人之後就不得不自食其力、設法融入社會生活。比起孩童時期，長大後被要求的水準會變得更高，因此問題也會變得更加嚴重。

3人中有1人為剩餘的症狀所苦

一般來說，ＡＤＨＤ患者進入青春期之後，毛躁的特質就會漸漸變得越來越不明顯。在孩童時期便察覺出患有ＡＤＨＤ的人，有三分之一左右到了青春期、其症狀就會消失，另外也有三分之一的人雖然多少還留有些許症狀，不過也會變得不再明顯。

而據說剩下的三分之一，即使長大成人後還是會受到ＡＤＨＤ症狀的影響，對生活造成不便。

雖然每個人的情況不一，不過跟孩童時期比起來，成人ＡＤＨＤ患者的過動特質會漸漸趨緩，但注意力不集中的特質卻會變得比較顯著。也就是說，經常會發生毫無意義的失誤、無法長時間集中注意力等特質會變得更加明顯，無論是對於工作或家庭生活，都會帶來莫大的困擾。

一旦長大成人後，就不會像孩童時期一樣可以擁有來自周遭的幫助。大家會認為都已經是大人了，對自己負起責任是理所當然，不能再找藉口辯解。在職場上也一樣，若還是經常忘東忘西或犯下粗心的錯誤，想必一定會遭受到嚴厲的斥責。因此，許多神經發展障礙的患者會覺得比起孩童時代，長大成人後更加辛苦、感覺更挫折，而且一旦失敗，必須付出的代價也會更大，感覺自己的立場更險峻了。

出社會後問題也隨之增加

而亞斯伯格症患者也一樣，孩童時期還能接受家庭與學校等組織的保護，獲得雙親與老師的協助，因此在某種程度上可以安心地生活，但是，一旦上了大學或出了社會後，就沒有任何人會為自己決定一切，必須自己做決策、主動採取行動才行。

不僅如此，如果想要努力工作，建立起良好的人際關係也是必做的功課之一。

這些全都是亞斯伯格症患者感到最頭痛的弱點，因此，出了社會之後遇到的問題只會增加、不會減少。

長大成人後便不會受到任何人的幫助與守護

孩童時期 → 青春期 → 成人

即使學業不振、在學校問題重重
在家裡不服從父母指示
也會受到學校與家庭的保護

工作　家庭生活　閒暇時間

必須自己負責
・沒有保護自己的雙親與老師
・沒有學校、家庭的保護

↓

必須對自己的行為負起責任

獲得指令 → 必須自行擬定計畫、自我控制，對自己發出指令

獲得鼓勵 → 通常自食其力的成人不會獲得鼓勵（來自外部的控制通常無效）

長大成人之後⋯⋯
比起孩童時期能行使的權力更大

開車、運用金錢等方面

↓

一旦失敗、後果會非常嚴重

成人的亞斯伯格症特徵

無論是成人或是孩童，亞斯伯格症的基本特徵都是一樣的。由於不擅長與人建立良好的溝通，因此很容易遭受誤解，也經常被貼上標籤、被當成是不懂得察言觀色的人。

不擅長與他人展開互動

患有亞斯伯格症的人，很不擅長與別人進行有來有往的互動。也就是說，一般人習以為常的人際互動，例如有人來跟自己說話時必須回話、有人跟自己打招呼要有所回應、要是有人對自己微笑也要回以笑容等，這些人與人之間的互動，對於別人的話語、動作、表情都要一一展現適當的回應等，一般來說，都可藉由反覆練習來讓自己的溝通技巧更加圓滑。

雖然一般人都可以自然地做到上述的互動，但是對於亞斯伯格症的人來說，卻只會自顧自地說個不停、或是只擅長傾聽別人的話語，無法與別人建立起真正的對話，因此在不知不覺中很容易就會被孤立。

只要發揮自己的特質 還是能融入社會

不僅如此，亞斯伯格症的人也無法確切掌握當下情況，非常不擅長針對現場的環境做出隨機應變的應對。舉例來說，亞斯伯格症的人可能會在上司與顧客面前不使用敬語，以隨便的口吻說話，或是在工作特別忙碌、同事們都在加班時，自己一個人準時下班，遭受大家冷眼以對。不過，亞斯伯格症的人卻不知道自己究竟有什麼地方不對。而不擅長應付突如其來的改變，也是亞斯伯格症的一大特質。儘管已經長大成人，還是多少會有這項特質，一旦遇到臨時召開的會議，便有容易陷入恐慌狀態中，或是無法接受臨時通知的出差行程，像這種狀況累積久了，許多亞斯伯格症的人就會感到自己很難繼續在社會上生存下去，或是不適應職場生活而頻繁地換工作。

不過，只要了解自己的長處並加以發揮，即使是出社會之後，還是可以讓自己發光發熱。雖然亞斯伯格症的人若要從事業務或服務業可能會很困難，不過若是需要專門知識、技術或需要耐力與專注力的工作、又或者需要擁有藝術天分的工作等，應該會很適合。

成人的亞斯伯格症特徵

●非常不擅長與別人展開互動，無法與別人有來有往的對話

- ●自顧自地說個不停（主動但乖異型）
- ●只一味聆聽對方的話語（被動型）
- ●說些無關緊要的內容、或是心裡想到什麼就不假思索地脫口而出

●沒有禮貌、採取不符合常識的舉動

- ●不使用敬語
- ●就算是自己不對也不會道歉

●無法做出隨機應變的應對

- ●突然接收到會議變動時間或喊停，會無法隨機應變
- ●自己的工作做完後，就不知道該做些什麼了
- ●面對下班後的邀約，總是一概拒絕

亞斯伯格症的優點

- ●不會受到既有常識的侷限，擁有敏銳的感知能力
- ●自由自在地發想，按照自己的意志採取行動
- ●即便是單調的工作也能任勞任怨地完成
- ●記憶力佳
- ●擁有獨特的感知能力
- ●對於自己關心的事物，能發揮高度專注力
- ●總是非常認真地面對每一件事物

症狀別① 成人亞斯伯格症的改善方法

無法向別人打招呼、建立起良好的溝通

打招呼可說是維持人際關係的基本禮貌，當雙方帶著笑容互相問好，就能為一整天帶來愉快的好心情。只要能夠好好與人打招呼，就可以帶給對方良好的印象，請一定要多加練習。

從基本的招呼用語開始

即使無法與別人順暢對話，只要能好好打招呼，周圍的人也比較容易接受你這個人。首先，就先從最基本的招呼用語開始練習吧！

早「早安」

如果可以的話，最好能依據當下的時節再加上一句「今天很熱呢！」、「今天好冷喔！」、「天氣真好」等。

午「午安」

晚「晚安」

要道別時「您辛苦了」、「小心慢走」、「我先走一步」。

在打招呼時，要記得凝視著對方的雙眼，且面帶微笑，輕輕點頭示意。

要是對自己沒什麼自信時，光是向對方輕輕點頭就可以了。所謂的頷首微笑，指的是凝視著對方的雙眼輕輕低頭的感覺。剛開始要主動對別人打招呼可能會覺得很困難，不過只要持續這麼做，就會慢慢越來越自然了。

讓自己流利地說出「請多多指教」

若是能對別人說出：「請多多指教！」便能稍微拉近與對方之間的距離。舉例來說，向初次見面的人自我介紹後可以加上一句「請多多指教」，或是帶著孩子去上才藝課時，向老師打完招呼後，也可以加上一句「請多多指教」。

反之，如果事實上是自己照顧別人比較多，還能由自己主動說出「請多多指教」，別人就會覺得你真是一位既親切又沒架子的好人。

在「請多多指教」這句話當中，其實含有許多種意義，可以同時向對方傳達出「我們一起好好合作吧」、「一起加油吧」、「請跟我維持良好關係喔」等各種訊息。

在打招呼時，請凝視著對方的雙眼，盡可能一邊打招呼，一邊面帶微笑。這麼一來，就更能把自己的心意傳達給對方。

打招呼的重要性

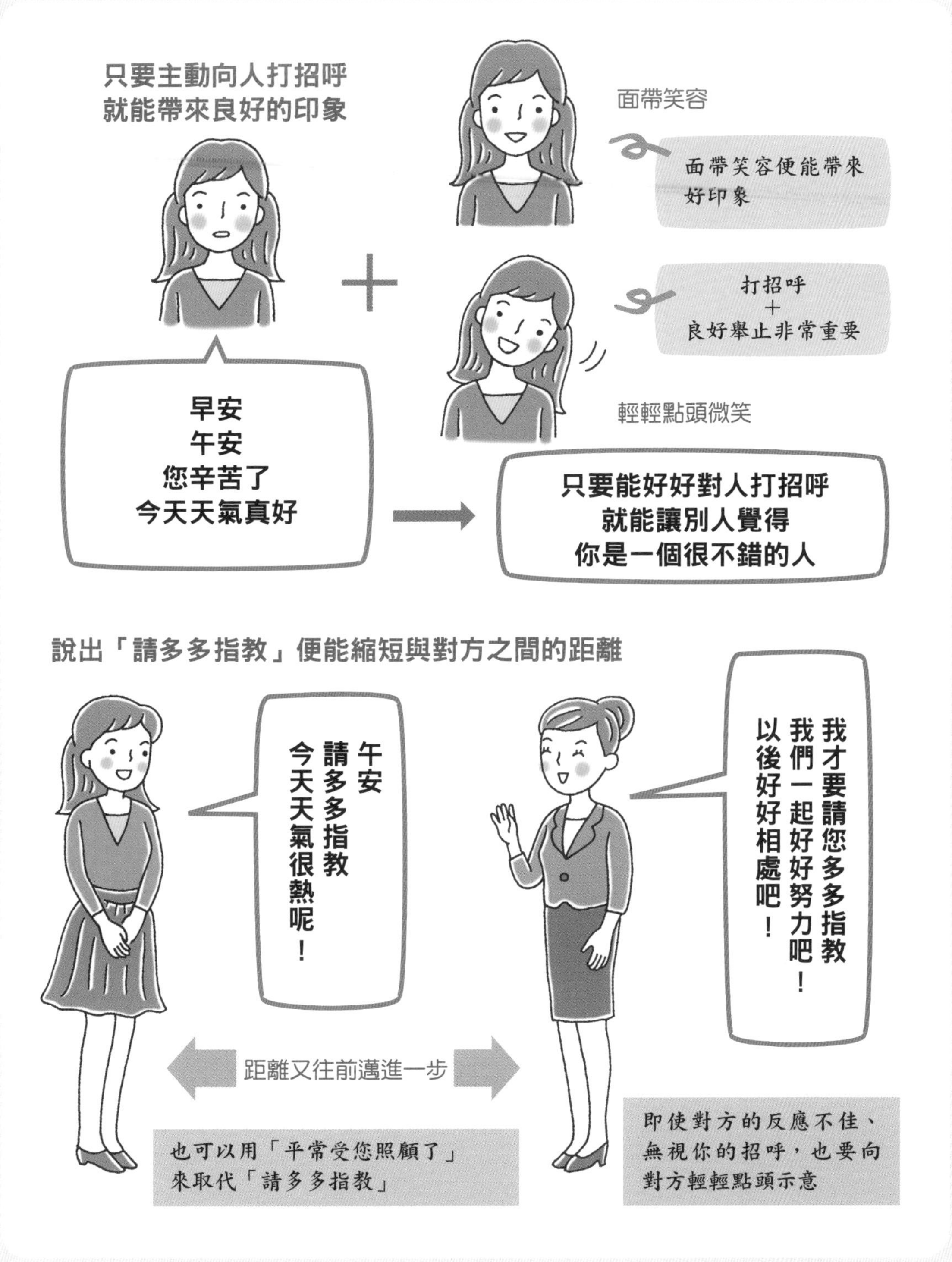

只要主動向人打招呼
就能帶來良好的印象
面帶笑容
面帶笑容便能帶來好印象
打招呼＋良好舉止非常重要
輕輕點頭微笑
早安
午安
您辛苦了
今天天氣真好
只要能好好對人打招呼
就能讓別人覺得
你是一個很不錯的人
說出「請多多指教」便能縮短與對方之間的距離
午安
請多多指教
今天天氣很熱呢！
我才要請您多多指教
我們一起好好努力吧！
以後好好相處吧！
距離又往前邁進一步
也可以用「平常受您照顧了」來取代「請多多指教」
即使對方的反應不佳、無視你的招呼，也要向對方輕輕點頭示意

心裡想到什麼就不假思索地脫口而出

要是心裡想到什麼就不假思索地脫口而出，不僅會讓對方受到傷害，自己也很容易被大家所誤解。在說話之前，先仔細思考要說的話是否適合說出口，再發言也不遲。

為何亞斯伯格症的人會說出不該說的話

亞斯伯格症的人具有想到什麼就直接說出口的傾向。

舉例來說，想想看要是對著一位女性直接說：「妳好胖喔！」對方會有什麼感覺呢？就算對方真的很胖，但聽到這句話想必會讓心情變得很糟。

特地把內心話說出口，你也得不到任何好處。那麼為什麼還要說呢？

亞斯伯格症的人會把心裡所想到的事情毫不修飾地直接說出口，其原因可歸類為下列幾項。

- 不希望讓錯誤的事情就這樣將錯就錯、討厭謊言、想要把察覺到的事情全部說出來。
- 沒辦法考量到周遭的其他事情或暫時按捺不說，也不會去思考對方聽到自己的發言會有何感想。
- 容易感情用事，就連平常不會說出來的事情，都一定要說出口。無法掌控自己的情緒。

重要的是考量當下情況再發言

即使說出來的話是事實、說出口就像是實踐正義一樣，但要是毫不考慮當下的情況就貿然發言，只會惹得周遭旁人不快而已。

甚至在某些狀況下，要是有你在場、話題就無法順利進行下去的話，也很有可能會遭受排擠。

像這樣，不假思索地脫口而出心裡話，很有可能會讓自己陷入不利的局面，因此請不要再把心裡所想的事情直接說出口。

就算真的有無論如何都非常想說的話，也請暫時按捺下來，回到家後冷靜思考看看自己想說的話是否妥當；也可以先詢問值得信賴的朋友，那些話究竟該不該說。

最重要的是，一定要養成習慣，在把心裡的話說出口前，先想想看對方會有何感受。

把心裡想的事情脫口而出會讓別人這樣想

因為我不希望讓錯誤的事情就這樣將錯就錯！

我絕對不容許謊言與不公不義！

自己完全沒有意識到
要是說出內心話會招來不利

1 那傢伙每次都想也不想，就把什麼事都說出口，真麻煩。跟他說話都會牽扯出麻煩事，以後都不要跟他說

→ **被排擠在外**

2 雖然她說的是對的，但她的說話方式都會讓人家感覺很受傷。本來可以好好講的話也都變得一團糟

→ **被認為是不會察言觀色的人**

3 反正大家心裡都是這麼想的，不需要什麼話都非得在當下說出口吧！

→ **被認為是喜歡破壞和諧、愛出風頭的人**

4 雖然我知道他說的沒錯，但說話方式也不必這麼嗆吧～

→ **被認為是不會為他人著想的人**

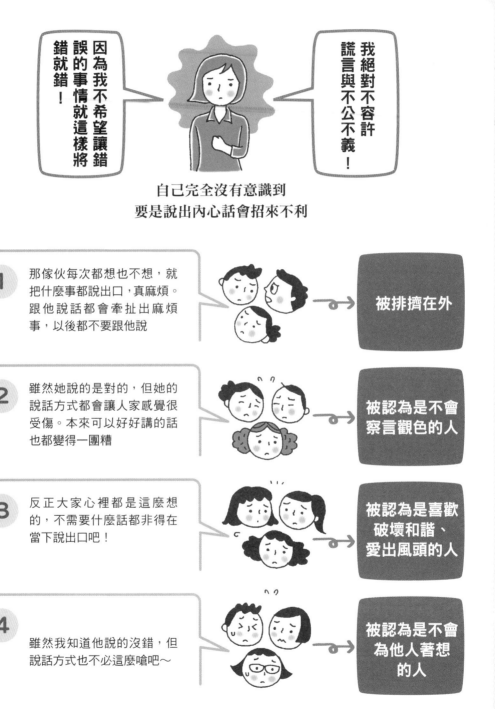

工作無法順利進行

亞斯伯格症的人雖然對工作抱有滿滿幹勁，但卻很有可能在奇怪的地方會錯意、無法確實理解自己該做些什麼，因而很容易導致失敗。先學會職場裡的基本規則吧！

工作的基本原則是報告、聯絡與討論

一旦進入職場，就必須面臨與各種世代的人群進行溝通。

為了要與不同年齡、不同立場，甚至連思考方式與感受都大不相同的人們建立起良好的關係，就一定要與所有人共享資訊，一起思考工作該如何進行。也就是說，你被指派的工作內容，整個團隊都必須了解實際的情況才行。

因此在職場上，「報告、聯絡與討論」是絕對不可或缺的一環。雖然這已經是老生常談了，但這就是工作時的基本原則。

所謂的「報告」指的是，包含工作的結果、中間經過與遇到的問題等，都一定要向主管與團隊裡的夥伴一一報告。而「聯絡」指的是必須經常與大家聯繫工作排定的行程與必要的訊息，與同事共享工作上的相關資訊。「討論」則是指萬一你有任何不安或有疑問的地方，千萬不要自己一個人苦惱，多和同事討論看看。要是在工作上出了什麼問題，也要早點與大家討論，聽取主管給的建議。

在與大家「報告、聯絡與討論」的時候，應盡可能將自己的工作內容整理成文章，這麼一來會比較容易把你的資訊與想法傳達給大家。不過，花太多時間書寫文章是毫無意義的，請注意盡量寫得簡單明瞭一點。

不明白主管的指示時應該這麼做

為了使工作順暢進行，先決條件是一定要確實掌握主管下達給你的指示。

當你不太明白主管意思的時候，必須以禮貌地態度詢問主管：「不好意思，我想再向您確認一次，……這件事我可以這麼處理嗎？」另外，也可以試試向主管說：「我遵照了您的指示，試著做出一份整理報告，您可以幫我看看這樣還可以嗎？」直接拿出自己寫好的內容請示主管，也是一種不錯的方式。

使工作順暢進行的基本原則

頻繁地向主管及同事報告、聯絡與討論

將自己獲得的訊息與主管及團隊夥伴共享非常重要

要有自己在工作上是團隊中成員的認知

你並不是孤身 1 人在工作

考慮別人的立場

並不是只有自己想的事情才是唯一正解，也必須傾聽別人的意見

不要自己埋頭猛做、必須綜覽全局

不要太埋頭於自己正在做的事情裡，必須綜覽全局讓自己擁有餘裕

與主管相處的方法

● **一定要確實使用敬語**

用字遣詞不可以太隨便，隨時注意使用有禮貌的言詞

● **不太明白主管的指示時，一定要再次確認清楚**

×

因為不太明白到底該怎麼做，就憑著自己的臆測進行

×

直接對主管說：「因為我不知道，請你再說一次。」

○

有禮貌地詢問主管：「不好意思，我想再向您確認一次，……這件事我可以這麼處理嗎？」

○

給主管看寫好的文件：「我遵照了您的指示，試著做出了一份整理報告，您可以幫我看看這樣還可以嗎？」

症狀別④ 成人亞斯伯格症的改善方法

說起話來纏夾不清、讓人很難理解

若是光顧著講一些瑣碎的枝微末節、或是只喜歡大聊特聊關於自己有興趣的事物、話題不斷跳來跳去，很容易就會讓對方失去興致繼續聆聽。因此請務必養成先講結論的習慣。

與別人對話時要注意這些事項

亞斯伯格症的人很容易太專注在一些無關緊要的事情上，一不小心就會說個不停。仔細回想看看，你是否常被別人說「話說得太長了」、「不知道你到底想說什麼」呢？為了讓別人更容易聽懂你想表達的內容，在說話時一定要注意下列幾項重點。

●先說出結論

要是始終聽不出來你到底想要表達什麼，只會讓對方感到焦躁不已。

●不要太執著於話題裡的枝微末節

要是感覺彼此的對話風馬牛不相及、或是不管說了幾次對方還是無法理解的話，可以先想想看自己是否太執著於話題裡的枝微末節，直接換一個話題吧！要是一心只想讓對方聽懂、而講得更纏夾不清，只會讓對方感到厭倦，失去聆聽下去的興致。

●千萬不要自顧自地說個不停

亞斯伯格症的人很容易就會針對自己有興趣的事物說個沒完沒了。但無論自己說得多愉快，只要讓對方感到無聊，就稱不上是良好的溝通。

當你察覺到自己似乎又一頭熱地說個不停，就請直率地向對方道歉吧！直接向對方說：「不好意思，好像都是我一個人在說……」再請對方多說一點。另外，在對話的一開始就先表明：「我說話時很容易不小心說得太長，要是我又說太多的話，請不要客氣、直接告訴我吧！」也是一個不錯的方法。

要察覺到對方開始感到無聊的徵兆

當你看到對方出現下列舉動或行為時，就代表必須打住話題了，因為這些都是對你的話題感到厭倦的徵兆。

●想要改變話題

●不怎麼往你的方向看，避免四目相接，朝旁邊看

●輕輕嘆氣

●從位置上站起來，做出一些無謂的動作

讓對話順利進行的訣竅

首先，先說出結論吧！

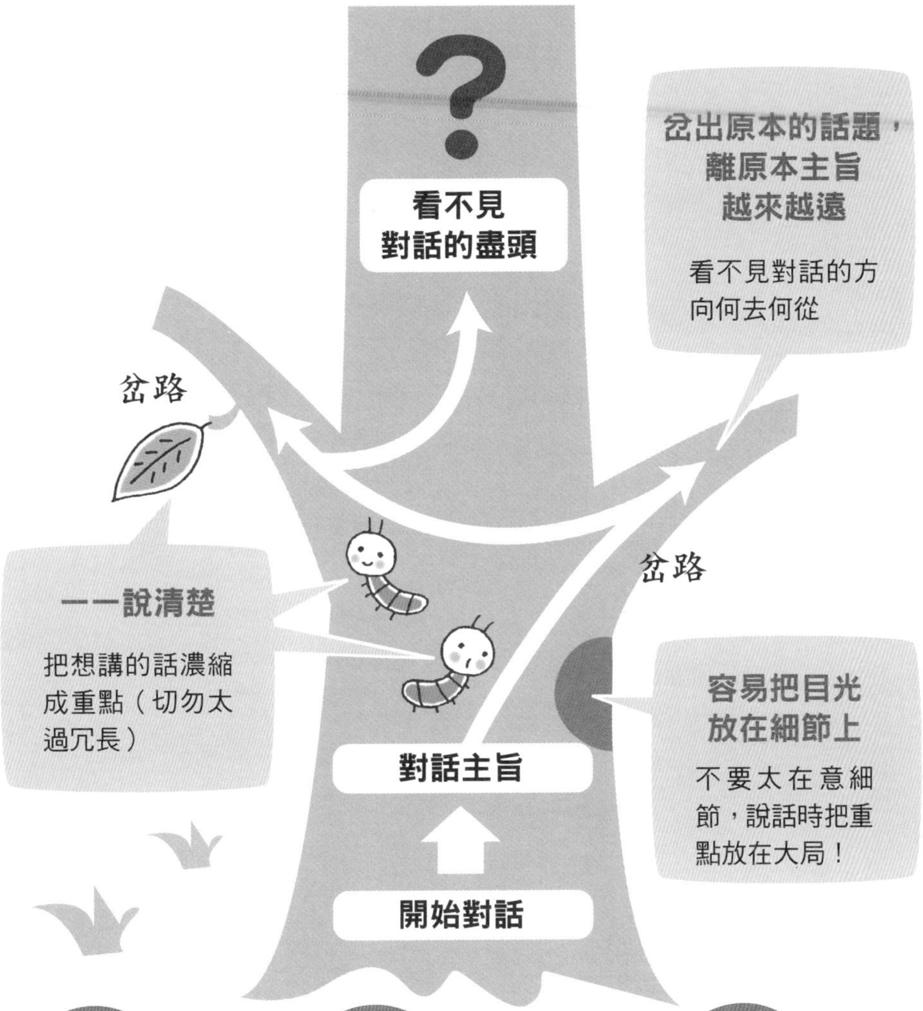

看不見
對話的盡頭
岔出原本的話題，
離原本主旨
越來越遠
看不見對話的方
向何去何從
岔路
岔路
一一說清楚
把想講的話濃縮
成重點（切勿太
過冗長）
容易把目光
放在細節上
不要太在意細
節，說話時把重
點放在大局！
對話主旨
開始對話

對策1

先說出
結論

對策2

在一開始先拜託對方：
「我講話很容易岔題，要是
一不小心講到別的地方，麻
煩你告訴我一聲。」

對策3

請周遭的人隨時提醒自己：
「你說的這些我們都知道」
「這件事就先暫時跳過吧！」
「回到剛剛的話題……」等等
也是不錯的方法

症狀別⑤ 成人亞斯伯格症的改善方法

容易向第一次見面的人說出個人隱私

一般來說，通常都會與第一次見面的人聊些無傷大雅的話題，在彼此還沒有那麼親近之前，應該避免提及與個人隱私有關的話題。與他人保持適當的距離非常重要。

與初次見面的人不要提及太深入的話題

亞斯伯格症的人很不擅長拿捏人與人之間應維持的距離，很容易與第一次見面的人就以過分親暱的態度說話，或者是對已經見過好幾次的人擺出很見外的態度，常會讓人感到困惑不已。

在與人相處時，應一點一點拉近與別人的距離，視雙方親近的程度選擇適合談起的話題。

要是突然對第一次見面的人說出：「其實我先生被裁員了，我們家負債累累，真的不知道該怎麼辦才好。」只會讓對方倒退三舍而已。

此外，關於自己與家人的學歷也要盡量避免提及。要是恰巧同一所學校畢業，也許還有可能可以炒熱話題，但萬一一個不小心，就會在彼此心中產生奇妙的競爭意識，也有可能會被別人覺得你太高傲了。

同樣的，如果對方不是在工作場合結識的人，也應該盡量避免明示自己的職業與公司名稱會比較好。要是對方問起的話，只要回答「電子業」、「建築業」等比較含糊的說法就可以了。

當彼此的關係還沒有那麼親密之前，應盡量避免暴露太多關於自己的背景，同時也請不要提及跟對方隱私有關的話題。不僅如此，要是照理來說應該不會有問題的話題，而對方卻流露出避而不談的態度，就直接結束該話題吧！

先掌握住適合在第一次見面時聊的話題

如果是第一次見面的話，選擇關於天氣、季節的話題最為安全，讚美對方的服裝或包包也不會出錯。

等到彼此比較熟稔之後，再提起自己的出生地、或聊聊家庭與工作上的事，就能讓彼此感覺更親近。雖然也可談起自己的興趣，不過一定得留意不要自顧自講得太起勁。要是說了關於自己的興趣，也要記得問問對方的興趣為何，才能讓談話過程更加愉快。

適合在第一次見面時聊的話題

關於天氣的話題

這是最安全的選項

「今天風很強呢」

「天氣這麼熱真討厭啊」

「傍晚之後好像會開始下雨喔」

關於季節的話題

「櫻花盛開了呢」

「最近流感似乎很盛行」

「聖誕節的腳步快到了呢」

讚美對方

「你的包包好漂亮」

「粉紅色的披肩好適合你唷」

當下盛事的話題

「這次奧運游泳項目拿下了金牌，真是太好了」

「昨天的煙火大會因雨停辦，真的好可惜喔」

初次見面應避免提及的話題

- 說起關於自己的隱私
- 問起關於對方的隱私
- 自己與家人的學歷
- 關於政治與宗教的話題
- 對方似乎不想提及的話題

症狀別⑥ 成人亞斯伯格症的改善方法

容易捲入金錢上的糾紛、無法拒絕別人

亞斯伯格症的人很容易相信別人，別人說什麼就相信，無法看穿別人的惡意，再加上不知道該如何拒絕，因此很容易被捲入糾紛之中。一起來學會委婉拒絕別人的技巧吧！

確實做好金錢方面的管理

當別人一說「借我錢」，亞斯伯格症的人很可能就會想也不想地直接把錢借出去；而當別人說：「這件事要幫我保密唷！」亞斯伯格症的人也會非常認真地遵守這個承諾。

正因為亞斯伯格症的人具有這項特質，因此很容易被捲入金錢糾紛之中，或是在別人的勸說之下就購買了不需要的物品，讓自己陷入棘手的事態中。不僅如此，亞斯伯格症的人也不擅長規劃金錢流向，只要一拿到薪水就會立刻花掉，有些人也會因為想討朋友歡心就大手筆地請客，導致自己口袋空空。

因此，亞斯伯格症的人一定要學會妥善管理金錢的方法才行。可以利用家計簿、或是建立起儲蓄計畫等，時時提醒自己不要亂花錢。

不過，若是有人前來借錢的話，千萬不可以隨便應付了事。要是沒有信心能拒絕對方，就可以回答：「我必須和家人商量看看。」關於金錢方面的借貸，一定要養成與家人討論後再做決定的習慣，才能比較放心。

學會委婉拒絕別人的技巧

亞斯伯格症的人只要一聽到別人說的話，就會誤以為一定要照辦才行。無論是多麼強人所難的事情，亞斯伯格症的人都無法輕易說不。也因為如此，在職場上很容易會接下過多的工作，讓自己的身體不堪負荷，連帶使得精神狀態也變得不太穩定。

當面臨到自己做不到的事時，一定要學會婉轉拒絕的技巧。舉例來說，手邊明明已有堆積如山的緊急工作，主管卻還來要求再處理別項工作，就應該客氣委婉地回應：「真的非常抱歉，我現在手邊有一件很急的工作必須趕緊進行，目前可能沒辦法再處理那件工作。」這麼一來，主管就會考慮其他方法，例如將該件工作交給別人處理等。比起因為無法拒絕而勉強接下工作，到最後卻無法完成的話，婉轉地推辭才是最好的解決方法。

學會婉轉拒絕的技巧

推辭主管的指示

這些都非得在今天內完成不可！好忙！
這件工作要拜託你在明天前完成喔！

手邊明明就已經有必須緊急處理的工作了，課長卻又來交辦別的急件

好的，我知道了

勉強接下工作，最後卻來不及完成的話，只會被斥責：「你不是說你可以做嗎？現在要怎麼辦！」

目前手邊的工作堆積如山，真的非常抱歉

課長會再找別人處理那件工作，而你也可以順利完成自己的工作，交辦給別人的工作也能如期完成
對大家都有好處

拒絕第二攤的邀約

真是不合群耶！
有什麼關係，
就一起去第二攤吧！

雖然已經與同事一起去了飲酒聚會，但要是再玩太晚回家，會對隔天的工作造成影響，因此不想再去第二攤

那我就一起去吧

因為睡眠不足導致隔天工作上表現不佳，還會被責罵：「不要再一直打呵欠了，快點認真工作！」

要是睡眠不足，明天感覺會很難受。真的很抱歉，我就先失陪了（微笑）

隔天可以和平常一樣好好認真工作
對大家都有好處

容易惹怒別人

亞斯伯格症的人正是所謂「不會察言觀色的人」。雖然一點惡意也沒有，卻會不假思索地直接說出心裡想到的事，或是多說一些沒必要的話，常會惹得別人生氣惱怒。多提升自己的說話技巧，避免引起一些不必要的紛爭吧！

學會區別可以說的話及不該說的話

亞斯伯格症的人非常不擅長推測對方的心情，也不明白自己的發言會讓對方受到多大的影響，會將心裡感覺到的事情立刻脫口而出。

此外，亞斯伯格症的人也很容易把別人說的話都當真，要是別人問起：「請告訴我你真正的感想。」亞斯伯格症的人就會憨直地直接回覆：「我覺得這個主意真的很沒品味。」

此時聽到這種評語的人，就很有可能會惱羞成怒，「怎麼會有這麼沒禮貌的人」、「怎麼會這樣說話」，讓亞斯伯格症的人蒙受怒氣。

記住與別人說話時應遵守的禮儀

只要學會基本的對話禮儀，並提升溝通能力，應該就可以大大降低惹怒別人的機率了。首先要記住的是，與人對話時的視線該放在哪裡。與別人進行眼神接觸，是溝通時的不二法門。雖然亞斯伯格症的人可能很不習慣與別人眼神接觸，不過還是要多練習看看。與人對話時，藉由注視對方的雙眼，便能傳遞出自己很關心對方的態度、以及自己的心情。

此時，身體也必須稍微往對方的方向前傾，雙腿也不可隨意張開或蹺腳。另外，要是在說話時讓自己的身體完全靠在椅背上，看起來會顯得很高傲自大，因此也應該盡量避免。

採坐姿時，應該離椅背空出一個拳頭大小的距離，抬頭挺胸端坐整齊。要是在肩膀用力、感覺起來很僵硬的話，會讓對方感受到你的緊張氣息，讓對方也連帶緊張了起來。因此在與人對話時，請多留意要放輕鬆，不要在多餘的地方用力。當自己練習到可以保持上述的姿勢、而且也可以自然地與別人眼神接觸時，就可以學習有關應答的技巧。在與人對話時，只要能輕輕點頭回應，再適時搭配上「那接下來發生了什麼事？」等鼓勵對方繼續說下去的話語，就能讓對方心情愉快地繼續與你交談。

提升溝通能力的祕訣

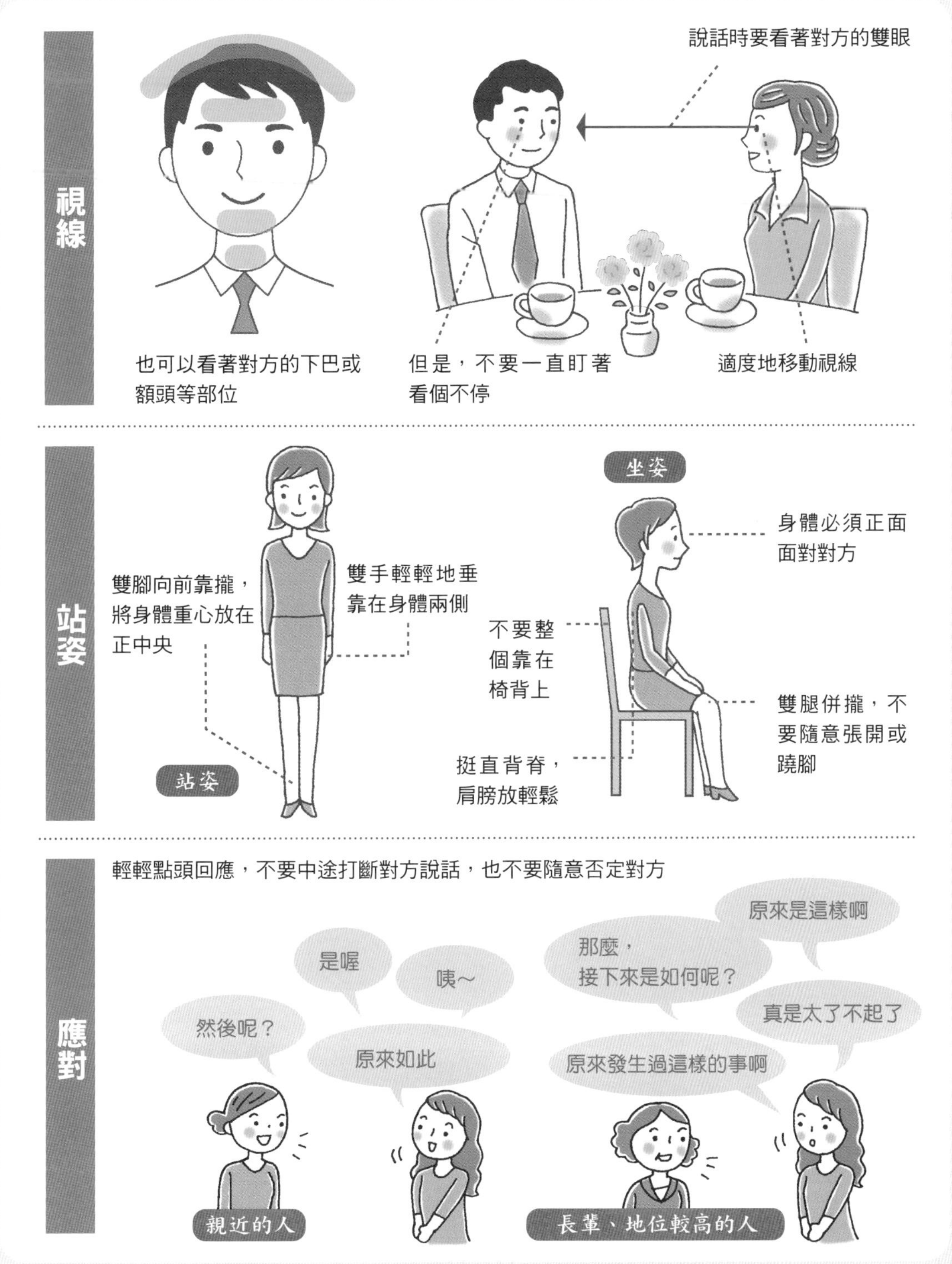
視線
說話時要看著對方的雙眼
也可以看著對方的下巴或額頭等部位
但是，不要一直盯著看個不停
適度地移動視線
站姿
雙腳向前靠攏，將身體重心放在正中央
雙手輕輕地垂靠在身體兩側
站姿
坐姿
身體必須正面面對對方
不要整個靠在椅背上
雙腿併攏，不要隨意張開或蹺腳
挺直背脊，肩膀放輕鬆
應對
輕輕點頭回應，不要中途打斷對方說話，也不要隨意否定對方
是喔
咦～
然後呢？
原來如此
親近的人
原來是這樣啊
那麼，
接下來是如何呢？
真是太了不起了
原來發生過這樣的事啊
長輩、地位較高的人

症狀別⑧ 成人亞斯伯格症的改善方法

不知道該如何與異性相處交往

談戀愛時一定要尊重對方的心情，共同構築出舒適和諧的關係。但對於不擅於推測別人心情的亞斯伯格症患者來說，談戀愛的難度可說是又更高了。

沉浸在自己的世界裡 很難修正自己的想法

亞斯伯格症的人很不擅長處理人際關係，而其中又以男女關係是人際關係中最難處理的一環。有許多亞斯伯格症的人就算有了喜歡的人，也不知道究竟該如何與對方來往。而且，亞斯伯格症的人也不知道該怎麼做才能取悅對方。心裡明明是想要取悅對方，卻說出一些莫名其妙的話、做出一些不明所以的舉動，而讓對方感到困惑不已。舉例來說，亞斯伯格症的人可能會直接把戀愛小說裡面出現的奇怪文章直接原封不動地傳給對方，自以為是電影裡的主人公做出一些誇張的行徑，讓人感覺倒退三舍。

對一般人來說，可以從對方的態度或言語中了解到自己追求失敗，但亞斯伯格症的人卻會誤以為沒問題，沉浸在自己的世界裡，很難修正自己的行為舉止。此外，有些亞斯伯格症的人總是穿同樣的衣服，讓對方敬而遠之。在談戀愛時，外表相當重要，因此一定要留意穿著乾淨整齊的服飾才行。

尊重對方想法的同時 也保有個人特質

亞斯伯格症的人非常容易相信別人，無法看穿別人的惡意或企圖，雖然在某方面來說這也算是優點，不過有時候卻也很容易因此被騙。尤其是女性，只要聽見男性的甜言蜜語便會感到心花怒放，誤以為自己也喜歡上對方了。而且，亞斯伯格症的人也不擅於拒絕別人約會的邀約，只要有人來邀約就答應，導致自己陷入同時與多名男性交往的難解局面。

在談戀愛時，千萬不要只沉浸於戀愛浪漫的那一面，若能同時在工作或讀書等對自己來說也很重要的事物上取得平衡，應該就比較不容易被捲入奇怪的糾紛之中。這個世界上並沒有所謂的特效藥，可以讓人變身為戀愛高手。隨時都要記得尊重對方的心情，不要勉強自己，在戀愛中表現出自己原本的樣貌吧！

順利談戀愛的訣竅

先徹底了解自己的特質

- 容易相信別人
- 無法確切掌握別人的意圖
- 無法看穿別人的惡意與企圖
- 做事一絲不苟、不知變通
  這雖然是缺點卻也可以算是優點
- 有自信

必須留心挑選乾淨整齊的服飾

- 外表相當重要
- 不要老是穿同樣的衣服
- 頭髮也要梳理整齊

不能因為喜歡對方，就強行加諸自己的心情在對方身上

- 每天都傳超長訊息給對方、或尾隨對方

必須尊重對方的心情，一點一滴慢慢建立起戀愛關係

- 不要太過焦急
- 不要硬逼對方一定要配合自己的想法

不要模仿電影或電視裡的內容

- 「偽裝出的形象」總有一天會崩壞
- 談一場像自己的戀愛就可以了

面對邀約不要被牽著鼻子走 不可以半推半就地交往

- 婉拒約會的邀約
  「謝謝你約我，我很開心。不過我那天剛好有事，不好意思。」
- 婉拒交往的要求
  「雖然你這麼說我覺得很開心，不過我不能與你交往。」

無法與孩子的老師或媽媽朋友融洽相處

在與孩子有關的人際關係方面，做父母的必須更用心、更謹慎地面對。因為要是把關係鬧僵了，連孩子也會因此而受到不好的牽連。建議與孩子的老師或媽媽朋友們保持適當的距離，維持既不親近也不疏遠的關係最為妥當。

不需要勉強自己一定要交到媽媽朋友

當孩子進入幼稚園上學後，在等待孩子放學的時間，常會有機會收到與媽媽朋友們一起喝茶或共進午餐的邀約。還有像是親師座談會或家長會、學校的例行活動等也必須參加，對於不擅長社交的亞斯伯格症患者來說，需要社交的場合只會越來越多。

要巧妙地與媽媽朋友們往來，其實是一件非常困難的事。時常會發生「孩子之間感情很好，但彼此的媽媽感情卻不怎麼樣、或是媽媽之間感情很好，但孩子之間卻交惡」等情況，現實生活中常無法盡如人意。而有時為了不讓自己被孤立，心想著「一定要交到媽媽朋友才行」而努力社交，到頭來也只是白忙一場，這種情況也所在多有。不過，隨著孩子逐漸成長，幾乎大部分的媽媽朋友都會慢慢疏遠。要是擔心自己無法與媽媽朋友們順利相處，其實也沒有必要勉強自己一定要交到媽媽朋友。只要努力做到自己責任內該做的事，與其他媽媽們好好打招呼就夠了。

另一方面，要是往來的程度太過親密，很容易就會把關係給鬧僵了。一旦雙方鬧僵，便很難再修補關係，也有可能演變成很嚴重的問題。因此，與媽媽朋友們保持著既不親近也不疏遠的適當距離，就是最好的作法。

隨時不忘向老師傳達感謝之意

與孩子的老師說話時，可能會讓人感到特別緊張也說不定。在一開始就先向老師表達自己的感謝之意：「我們家孩子平時受老師照顧了！」便能緩和整體氣氛，比較容易開始與老師進行對話。每一位老師的年齡、教育方針、思考方式等都因人而異，因此也必須配合老師的作風，多留意自己的說話方式。在與老師溝通時，說不定也會因為孩子的表現而被警告，在這種時候，一定要先以謙虛的心態傾聽老師的話語，接著再盡量以平穩溫和的態度，傳達自己的想法。

往來時的訣竅

與媽媽朋友往來時的訣竅

開朗地向對方打招呼

在學校或家長會的活動上需要幫忙時，應該在自己做得到的範圍內迅速地提供協助

避免過於親暱的往來

維持既不親近也不疏遠的適當距離

就算交不到媽媽朋友，也不會有特別不方便的地方。反正說到底也只跟孩子有關而已

不要隨風起舞，跟著一起說不在場的人的壞話或傳聞

與老師往來時的訣竅

先表達自己的感謝之意：「我們家孩子平時受老師照顧了。」

不要自顧自地說個不停，必須多傾聽老師的話語

多注意採用禮貌客氣的語氣及態度

如果想要表達出與老師相左的意見時，必須留意要以平穩溫和的態度與老師溝通

成人的ADHD特徵

雖然孩童的ADHD症狀廣為人知，但成人的ADHD卻幾乎不為人所知，因此很容易遭受到他人的誤解。尤其是女性，在教養的過程中經常會遇到重重的困難。

可能會被貼上懶惰的標籤

ADHD通常會在升上小學後顯現出症狀，而被察覺出患有ADHD，但如果是屬於注意力不足型（大雄型），則很有可能在沒有特別被察覺出症狀的情況下，就這麼長大成人了。尤其是女孩子沒有被察覺出患有ADHD的案例特別多。

注意力不足型的特徵基本上與孩童時期一樣，無法集中精神，由於不擅長收納物品而導致周圍環境總是亂七八糟。如果是小孩可能還好，但要是大人還這樣的話，便很容易遭受到旁人的責難眼光。

而在職場上，也會因為桌面總是亂糟糟、每天不斷地遲到，到最後連工作也無法順利完成而直接放棄，這種情況並不罕見。到頭來就被眾人貼上散漫、工作做不好的標籤。

家庭生活也會帶來莫大的影響

而在家庭生活中，更是會帶來莫大的影響。由於ADHD的緣故，在夫妻關係與教養小孩方面都很容易遇到重重的困難。

患有ADHD的母親，非常不擅長每天都反覆做同樣的事。就連自己都做不到了，更別說要讓孩子每天都過著有規律的生活，這對ADHD的孩子來說非常不容易。

此外，由於很不擅於控管情緒，因此很容易對孩子動怒，在教養這條路上可說是布滿荊棘。而當教養生活不順遂時，又會責怪自己「像我這樣的母親真是糟透了」，慢慢地對自己失去信心，對於孩子的未來也會抱有很大的不安情緒。

這也會對夫妻關係帶來不良影響，讓整個家庭生活蒙上一層晦暗的陰影。

不過，這絕對不代表患有ADHD就無法擁有美滿的家庭生活。

只要讓丈夫完全理解自己的特質，就能靠兩個人的力量互相扶持，一起度過難關。

成人的 ADHD 會引來下列這些問題

衝動

過動

注意力不集中

- 不擅長等待且容易衝動
- 神經質
- 沒有耐心，無法忍受壓力或欲望不被滿足的情況
- 無法訂立計劃或進行準備
- 無法忍受無聊
- 不會實現承諾或負擔起責任
- 不擅長遵照規定好的作法、順序來做事
- 有延後處理事務的傾向，遲遲不開始著手進行工作
- 容易分心，無法集中精神

症狀別① 成人ADHD的改善方法

隨著心之所向立即採取行動卻常遭受挫折

儘管ADHD的人擁有豐富的創意與高超的行動力，卻會因為達成能力不佳而頻頻遭受挫折，常會在中途放棄原本的想法。因此，對ADHD的人來說，最重要的就是必須確實管理好自己的工作進度，排列好優先順序。

最不擅長一成不變的工作與重複交涉

ADHD的人才氣縱橫，腦中充滿了嶄新的創意構想，因此常會受到周圍人士的高度好評。

不過，ADHD的人卻會因為遇到一點難題，就覺得「自己果然做不到」、「真是太麻煩了」，而立刻半途而廢。此外，腦海中靈光乍現的念頭並不會仔細琢磨後再實行、也不會與同事討論過後才付諸行動，因此往往都以失敗告結。由於ADHD的人最不擅長一成不變的反覆工作、以及與人重複交涉溝通，因此手邊的工作到最後都無法順利完成。

像這樣，ADHD的人總是在工作上半途而廢，必須讓別人來接手自己的殘局、幫自己收拾爛攤子，陷入惡性循環之中。一旦這樣的狀況接連發生過幾次之後，大家都會對他產生「那傢伙做事隨隨便便」、「只會出一張嘴而已」等，諸如此類的負面刻板印象。

必須確實管理好工作進度

ADHD的人只要一想到什麼就會立刻付諸行動，同時進行多件事項，這麼做的下場就是把重要的工作拋諸腦後，無法收拾殘局，最終以失敗告結。

因此，首先要做的就是把今天該做的工作、本週該做的工作、還有本月該做的工作都全部詳細列出來，製作成工作進度表；把工作事項都寫在月曆上也是一個不錯的方法。在工作進度表上，要明確地標示出每一件工作最晚要在何時完成，排定所有事情的優先順序，標上記號，或是以彩色筆區分出每件事的輕重緩急，讓自己可以一目了然。並且將工作進度表放在顯眼的位置，每天都要確認進度。

每當完成一個進度時，就把該項進度劃掉，以便確認自己究竟將工作進行到什麼程度。要是自己沒有做到預計的進度時，就要分析自己沒有做到的原因，思考解決對策。利用這個方法讓自己養成循序漸進、確實完成工作的習慣。

成人的 ADHD 為什麼容易在過程中遭受挫折呢？

心浮氣躁靜不下來、無法忍受無聊

ADHD的人即使長大成人後，也依舊具有心浮氣躁、靜不下來的特質，有些人要是不經常動來動去就會感到哪裡不太對勁。若是勉強壓抑住自己，反而會讓心情更加焦躁，因此不妨經常計畫一些能讓自己開心期待的活動吧！

計畫一些活動或旅行

患有ADHD的人、特別是男性，熱烈追求自己喜好的傾向會比較明顯。即使結婚後，也會以自己的愛好為第一優先，例如不顧與妻子的約定，一頭沉浸在自己最喜歡的柏青哥（編註：在日本流行的賭博娛樂機台）之中，這種特質常會造成夫妻關係惡化。

因此，倒不如靈活發揮自己喜歡追求刺激的性格，時常計畫一些令人感到興奮不已的娛樂活動或家庭旅行，也不失為一個很好的解決方式。這麼一來也能維持良好的夫妻關係，孩子們也會開心不已。

只要定期計畫有趣的家庭活動，就不會讓自己感到無聊。作為一家之主，也能從這些活動上感受到家人對自己的需求與依賴，這麼一來平日所累積的壓力也能隨之煙消雲散。偶爾也可以和朋友們一起去喝喝酒、唱唱歌，也能對穩定心情有所幫助。

發揮優點創造出全新的自我觀感

心浮氣躁靜不下來、無法忍受無聊的另一面，其實也可以說是擁有強烈的好奇心，對於時下流行具有敏銳的觸覺。生活在現在這種變動劇烈的社會中，其實這樣的性格也能算是利大於弊。千萬不要對自己感到灰心挫折，試著創造出全新的自我觀感吧！

藉由徹底檢視自己的日常生活，逐一反思不順遂的地方，建構出自己容易掌控全局的方法。在一整天的生活中，也別忘了安排一段能讓自己好好放輕鬆、什麼都不想的時光或從事休閒活動的時間，會很有幫助。

平時可以多多運用待辦清單、標籤紙、便條紙、行事曆、資料夾、步驟表、手機等工具，為自己帶來更有條理的生活。

而像是打掃這種自己比較不擅長的事情，就委託其他人來幫忙處理也未嘗不可。

只要像這樣靈活發揮自己的特質，一定能活出自己特有的精采生活！

不要覺得自己沒用，試著創造出全新的自我觀感

ADHD 的特徵換句話說就是……

無法縝密地注意每一個細節	直覺性強、能以柔軟的身段應付一切
無法集中精神	能迅速轉換心態，容易適應不同的環境與情況
無法從事需要按照順序的活動	常會冒出天外飛來一筆的嶄新想法
忘記每天的既定事項	不被一成不變的日常生活所拘束、充滿創意
討厭腳踏實地的努力	有時也會自行摸索出更好的解決方式
心浮氣躁靜不下來	具有行動力
無法一動也不動	活力充沛
無法忍受無聊	擁有旺盛的好奇心
還沒問完問題前就搶著回答	反應很快
太饒舌多話	積極與人溝通

總是在找東西、脫下來的衣物亂丟、物品隨手亂放

ADHD的人脫下來的衣物總是亂丟、物品隨手亂放，才沒過一會兒的時間，家裡已經變得亂七八糟。拜此之賜，老是搞不清楚東西放在哪裡，整天都在找東找西，這樣只會讓焦躁的心情更加嚴重而已。

不擅長收拾 會讓心情更焦躁

ADHD的人在使用完一項物品的瞬間，心思就會瞬間飛到下一個目標上，完全忘記剛剛使用過的物品必須物歸原位，就這麼隨手亂放。長時間累積下來，家裡當然會變得亂七八糟。就算白天在外面活力充沛地活動身體、帶來開朗的心情，回家後看到亂七八糟的環境，也會一下子憂鬱起來。不僅平時經常找不到需要的物品，在精神上也很難獲得平靜，更有可能會受到家人的責難，導致家庭關係漸漸惡化。

只要好好收拾物品，就能大幅減少「遺失物品、尋找及忘記帶」的機率。而且也不會因為浪費時間而讓自己更心浮氣躁，避免與家人發生爭吵。

使用過的物品要物歸原位

為了不要再像無頭蒼蠅般整天都在尋找物品，一定要先決定好每一項物品的固定擺放位置，每一次使用之後都要立刻物歸原位，這是唯一的解決之道。因此，首先應該訂立好一套收納計畫，規劃好什麼東西該擺放在哪裡。要是東西擺不下的話，便應增加收納空間，或是只能丟棄多餘的物品。

要是一味增加收納空間，東西只會越積越多，因此平時應盡可能精挑細選要用的物品，把家裡的東西減少到自己能夠妥善管理的量，就是最好的辦法。一旦決定好物品的擺放位置，就在該處貼上標籤，讓每一項物品都能順利物歸原位。要是嫌物歸原位麻煩，等到東西亂擺的時間一長，找不到的東西會越來越多，找東西時必須花的時間又會更多了。只要使用完畢之後立刻物歸原位，便能在每一次要用的時候，以最快的時間找到需要的物品。物品使用完畢後，千萬不要隨手亂放，請多花1秒鐘的時間，想到要把東西放回自己決定好的位置；出門回家後脫下來的衣服與內衣，也要記得掛回衣架、或放進洗衣籃內，盡力營造出一目了然的整潔環境吧！

為什麼會把脫下來的衣物亂丟、物品隨手亂放呢？

- 無法有計畫地做事
- 不知道該放回哪裡

↓

- 無法將使用過的物品物歸原位或放回應有的位置

↓

光看就讓人心浮氣躁 沒辦法靜下心來

- 東西越積越多
- 到處亂七八糟
- 雜亂無章

↓

- 找不到物品

↓

- 對生活造成不便

↓

浪費時間

- 手忙腳亂只會讓環境更加凌亂

我這樣真是太糟糕了!!

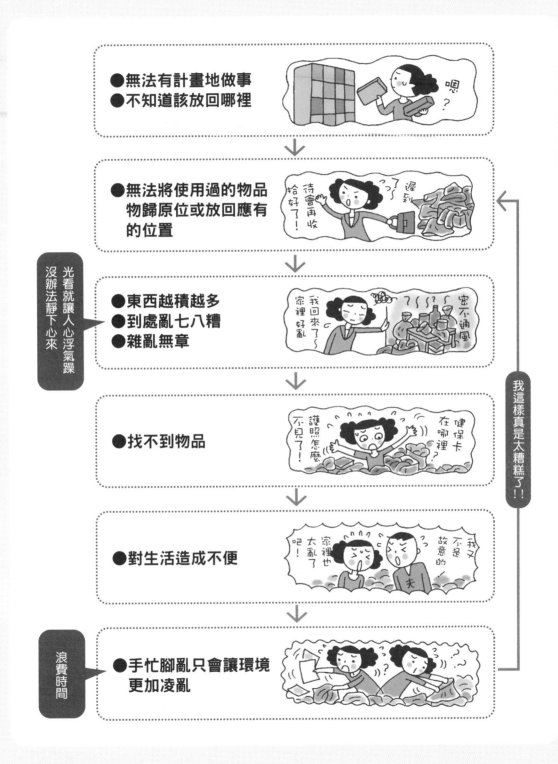

明知道對身體不好，卻還是無法戒除菸酒

許多ADHD的人明知道對身體不好，但卻無法戒菸或飲酒過量，這是因為他們將眼前的享樂視為第一優先。如果遇到這種問題，千萬不要自己一個人試圖想辦法解決，而是應該與專家或家人詳談。

無法克制眼前的欲望及需求

ADHD的人就算心裡很清楚，只要略加改變目前的生活型態，平時稍微節制一點，就能變得更健康，但卻無法克制住當下「想抽菸、想喝酒」的欲望。因為對於ADHD的人來說，持續努力這件事非常困難。

但是，一旦擁有了自己的家庭，就不能再一味為自己找藉口，必須肩負起對家庭的責任才行。因為要是損害了自己的健康，痛苦的人不只有你自己而已，連帶整個家庭都會受到非常嚴重的影響。若是真的無論如何都沒辦法做好自我管理，不妨借助專門醫師的力量，同時尋求家人的協助，營造出一個不得不自我節制的環境，也是一個不錯的方法。

接受健康檢查掌握身體狀況

一年一定要接受至少1次的身心諮商與健康檢查，可以的話也要請另一半一起陪同檢查。因為要是自己一個人前往接受診察，很可能會嫌麻煩而懶得去，或是就算檢查了也可能會對檢查結果置之不理，即便檢查了對維持健康毫無幫助。

只要先與另一半講好，每年都要夫妻一起接受1次檢查，這麼一來即使自己忘記了，另一半也可以帶你去檢查。

檢查後得到的結果，當然也要兩個人一起聽取報告。只要能互相掌握彼此的健康狀態，便能互相配合、一起改善生活型態。此外，也不妨考慮在生活中採用點數制度來鼓勵自己。只要以玩遊戲的心態來執行，原本覺得痛苦的事情也能變成一種樂趣，出乎意料之外地能長久維持下去。

假設你必須禁菸、而妻子則是希望減重3公斤的話，就可以設定好各自的目標後互相較勁比賽，這麼一來絕對能大幅提升努力的動機。這麼做同時也能讓夫妻之間的感情更加和諧，可說是一舉兩得呢！

為什麼明知道對身體不好，還不能有所節制呢？

	健康對策　酒、菸、減重、運動、鹽分控制	下一次健康檢查
不是ADHD的人	・認真腳踏實地執行 ・「為了身體著想！」	・獲得良好結果 ・「自己努力做到了！」
ADHD的人	「雖然心裡很清楚……」 「哎，還是算了！」 「明天再開始好了」 「我應該沒問題」 「我的人生就是要隨心所欲」 不認為有節制的必要 不斷找藉口逃避	・結果毫無進步 ⬇ ・健康狀態惡化

現在的忍耐與節制，都與將來的健康息息相關……

無法按部就班地做家事

所謂的家事，必須每天反覆做同樣的事。對於具有爆發力、卻缺乏持久力的ADHD來說，真是一項苦差事。有些ADHD的人也可能會覺得，明明大家都可以做得很好，怎麼只有自己做不到，因而感到信心全失。

普通的家事也可說是一大挑戰

家事並不是做到某一個段落就可以徹底結束的事，而是必須每天都持續下工夫，而且就算家事做得很好，也不會特別受到大家讚美，而是屬於日常生活中的一部分，一般人都是默默地做完了事。

不過，患有ADHD的人非常不擅長按照順序做事、不會做好每件事或找到平衡。再加上做家事毫無刺激性可言，讓人更沒有動力去執行。每次都是在不情不願的狀態下做家事，做的時候又不得要領，導致花費許多時間卻成效不彰。

為自己規劃出時間順序表

如果是職業婦女，平日只要做到最低限度的家事就可以了。假設平日要花費2小時做家事，就要先決定好準備早餐、晚餐、洗衣、簡單的收拾等標準流程，平日只要以執行計畫為目標即可。其實平日如果能做到這樣的程度就已經很足夠，其他的家事就等到周末再來執行。到了周末假日，則可以比平常多花2小時左右的時間在家事上，專門進行平日沒時間做的家事。如果可以的話，請丈夫負責清掃庭院、孩子負責收拾好自己的房間，讓家人一起分攤打掃的責任會比較好。千萬不要太過追求完美，只要讓家裡大致上維持乾淨整齊即可。此外，也可以將平時注意到的髒亂之處記錄下來，製作成清單，只要決定今天要收拾桌面，就打鐵趁熱趕緊把這件事做好。

如果是專職主婦的情況下，則建議規劃出1整天的大略時間表。在製作時間表的時候，也別忘了將必須花在孩子身上的時間、與自己的放鬆休息時間都納入其中。把當天必須做好的事、以及絕對不可以忘記的事都記錄下來，提醒自己時時確認。另外，也可以將再週一、三、五訂為購物日，週四則專門去洗衣店等，把一週內每天的行程都規劃清楚，便能幫助自己更有條理地處理家務。

為什麼沒辦法做好每天的家事呢？

雖然知道家事非做不可

↓

・每天一成不變
・缺乏刺激性

← ・不容易長期持續
・耗損內心的能量

↓

・連普通的事都做不到
・連理所當然的事也做不到

← 「作為主婦不及格」
「我真是太糟了！」

↓ 自我評價 down

可能陷入憂鬱狀態 → 越來越做不到 → ↑（連普通的事都做不到）

無法享受生活

對策

職業婦女的情況下

平日只要做到最低限度的家事就好，到了假日則比平時多花2個小時，專門解決平日沒時間做的家事

專職主婦的情況下

1 整天的時間表　1 週的行程表

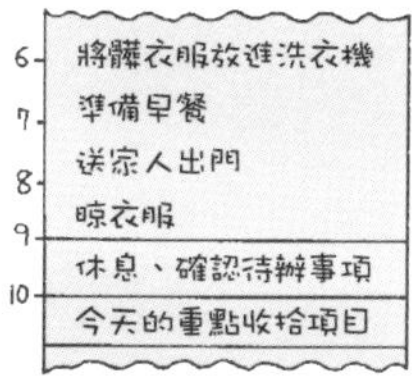

6	將髒衣服放進洗衣機
7	準備早餐
8	送家人出門
	晾衣服
9	休息、確認待辦事項
10	今天的重點收拾項目

	一	二	三	四	五	六	日
辦事		購物	洗衣店	購物		銀行	
清掃		小孩房間	廚房	客廳	重點收納	洗手台	廁所

養成習慣製作1天的時間表與1週的行程表，也別忘了將必須花在孩子身上的時間、與自己的放鬆休息時間都納入其中

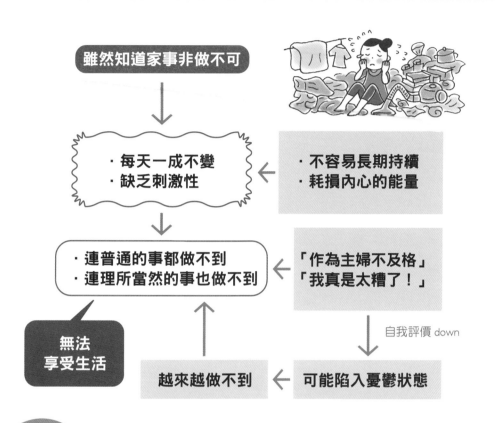

無法好好收拾物品

舉凡用餐後收拾餐桌、整理環境、收納物品等所有關於整理收拾的瑣事，對ADHD的人來說都相當困難，不知道該從何開始著手才好。不過，其實只要花點心思用對方法，一定可以做得越來越好。

設定好碼表，預備、開始！

所謂的「整理收拾」，指的是規劃好一套收納與家事的系統，並每天重複地執行。如果你的家裡總是堆滿物品、連可以走路的空間都沒有，請先準備好一個碼表，設定倒數15分鐘，接著就利用以下的方式準備開始大展身手吧！只要花15分鐘的時間，把全副精神都放在整理環境上。當碼表一響、就直接放下手邊正在進行的事，剩下的就等到隔天再繼續整理吧！

●地板

首先先大致環視家裡一遍，把散落在地板上最顯眼的物品，集中在家裡的某個位置。

●衣服

①把所有衣服都集中放到某處。②把要洗、要送去洗衣店、以及不需要洗的衣服分門別類放好。③洗衣服。④把要送洗的衣服都放進袋子裡，決定幾點拿去洗衣店。⑤把不需清洗的當季衣物掛回衣架。⑥不需清洗但已過季的衣服，需收進衣物收納袋收好。⑦丟棄不需要的衣服。

●書

①把書分類成工作用及娛樂用。②思考看看是否要將書本全部收納起來，是否該買新書櫃，或是有哪些書本該捨棄。③把要捨棄的書本裝進袋子裡。

●文件

將「特別重要的文件」整理出來，放進空點心盒之類的容器中，在容器表面寫上「重要文件（常用）」、「重要文件（偶爾使用）」等，放置在顯眼的位置。

●小孩的玩具

準備好幾個箱子，分成汽車類、積木類等5～6箱，把玩具分門別類收進箱子裡。在每一個箱子都貼上內裝玩具的圖畫，讓孩子也能自行收納。

●丈夫散落各處的物品

規畫一個丈夫專屬的空間（例如書房），把丈夫的東西都放進那個空間裡，這麼一來就算那個空間裡到處堆放物品，也總比整個家裡亂七八糟來得好。同時，也要請丈夫配合，不要把自己的東西堆放在家裡的其他空間。

超簡單的 15 分鐘收納法！

1 準備好碼表

・自己喜歡的 CD 也可以

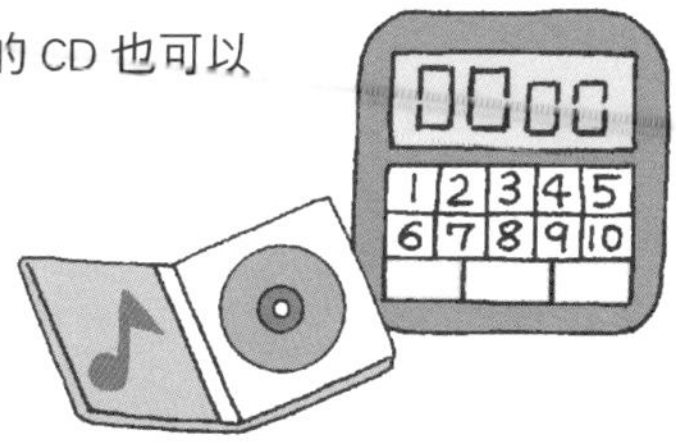

2 設定 15 分鐘

・開始整理收納！
・在碼表響起之前，必須一心一意專注在整理環境

3 先把地板上散落一地的物品全部放到某個位置

・只要地板上沒有東西，心情就會變好
・讓自己產生有整理過環境的感覺

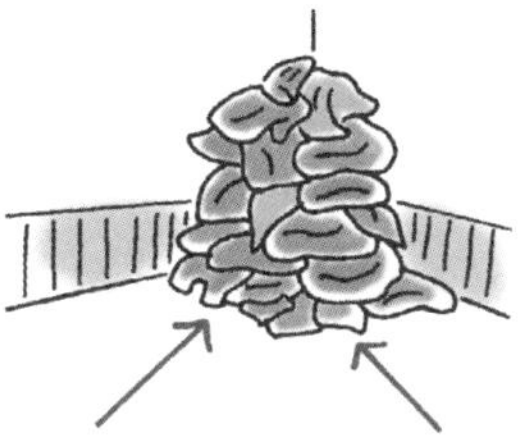

4 把衣服分門別類

・分成要在家裡洗的衣服、要送去洗衣店的衣服、最近要穿的衣服、過季的衣服、要丟棄的衣服

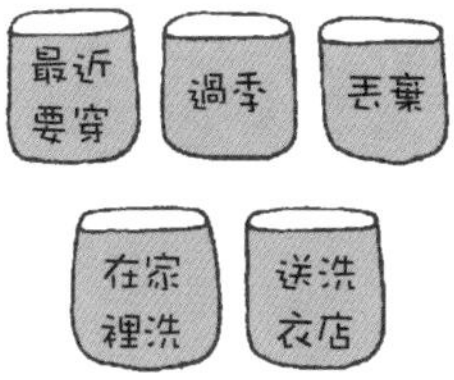

5 把書分類成工作用與娛樂用

・若書本收納空間不夠的話，考慮看看是要買新書櫃、或是捨棄不要的書

6 只把重要的文件保留下來，決定好保管的位置

・重要文件（常用）
・重要文件（偶爾使用）
・丟棄其他文件

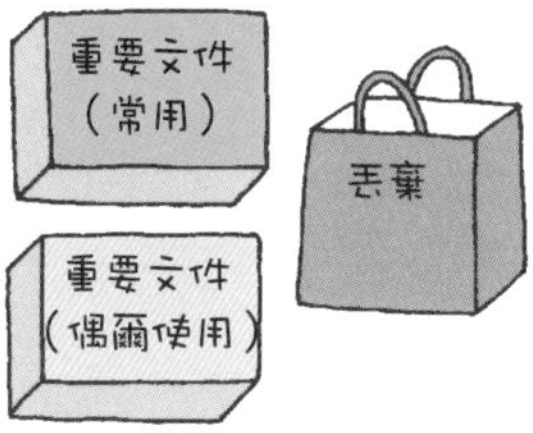

7 小孩的玩具

・把玩具分門別類，分別收進 5～6 個箱子
・在箱子表面畫上內裝的玩具
・盡量讓孩子自行收納玩具

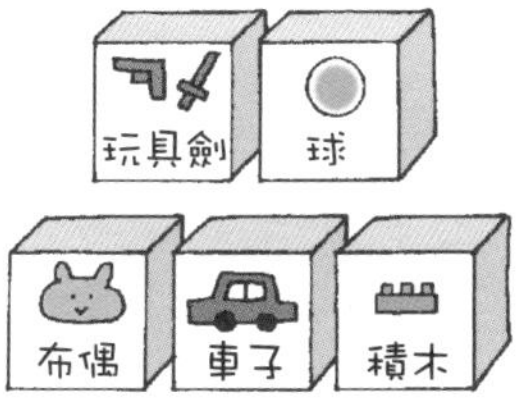

8 丈夫的物品

・規劃一個丈夫專屬的空間，丈夫的物品只要堆放在裡面就 OK

※ 定期委託專業清掃人員來家裡幫忙也是一個不錯的方法

症狀別⑦ 成人ADHD的改善方法

很容易忘東西

ＡＤＨＤ的人時常忘東忘西，「什麼？今天之前就一定要交出回函嗎？」、「完了！我忘記把那份文件交出去了」，無論是任何事物都會不小心忘記，因此無法過著平穩安定的日常生活。

短期記憶不足 就算長大成人也無法根治

該做的事情在一再拖延之下、不知不覺就完全忘記了，忘記自己把東西放在哪裡，忘記物品收納的位置，完全忘了當天的行程，剛剛才聽到的事情轉眼就忘了。雖然每個人都有可能會發生這種情況，但ＡＤＨＤ的人卻總是這個樣子。

因此，ＡＤＨＤ的人時常必須從零開始重新做事、花很多時間在尋找物品、工作無法順利進行等等。

不僅如此，也會經常對其他人造成困擾，雖然ＡＤＨＤ的人也會反省自己，但卻總是重複著同樣的失敗。

而本人其實完全沒有惡意，只是因為頭腦裡能裝入記憶的容量比一般人來得少，才會一再地忘東忘西。

對於ＡＤＨＤ的人而言，一定要利用大人的智慧來稍微彌補自己記憶的不足才行。

製作備忘錄 一定要隨時確認

要彌補大腦短期記憶不足最有效的方法，就是把該做的事情全都書寫下來。比起只用耳朵聽聽，以書寫的方式還是比較能讓自己確實記住事情。

不過，當然不是寫下來就沒事了。一定要時時確認自己寫下的文字，千萬別忘了靈活運用寫好的備忘錄。

除了計畫外出、工作、購物的行程一定要寫在備忘錄之外，出門要帶的物品、當天該做的家事等，也都要①寫在備忘錄上、②別忘了時時確認備忘錄，靈活運用備忘錄非常重要。

此外，也要將本週、本月該做的事都寫在行事曆或日曆上，每天都要記得確認。同時將必須隨身攜帶的物品列成清單，要做的事情順序也要做出步驟表，在各方面預防自己再度忘記。最後的關鍵絕招，就是利用玄關大門來提醒自己。把自己絕對不可以忘記的事情列成清單，張貼在玄關大門上，養成先確認清單再出門的習慣，便能避免自己不小心忘記。

花點心思讓自己不再忘東忘西

① 改掉愛拖延的毛病

在拖延的過程中就會全部忘得一乾二淨

② 製作備忘錄

製作備忘錄是最好的方法。不過，要是不看自己寫好的東西也沒有任何意義。一定要養成隨時確認備忘錄的習慣

③ 寫行事曆

可以在日曆等行事曆上，寫入當天、本週、本月的計畫事項，每天都要記得確認

④ 活用碼表與鬧鐘等工具

若是預計 1 小時後要出門的話，就先設定好碼表，也可以靈活運用手機裡內建的鬧鐘功能

⑤ 在前一天晚上先做好隔天的準備

早上手忙腳亂，很容易就會不小心遺漏該帶的物品。因此一定要在前一天晚上，先把要用的物品裝進包包裡就可以比較安心

⑥ 在玄關門口貼上紙條提醒自己

絕對不可以忘記的物品或行程，就寫在紙條上、張貼於玄關門口來提醒自己

症狀別⑧ 成人ADHD的改善方法

無法妥善處理文書事務或與學校方面聯繫

ADHD的人具有把麻煩的事務延後處理的傾向，因此經常忘了向學校申請參加活動、或是忘記回覆同學會是否出席等。無法有效率地處理周遭事務，結果使大家倍感困擾。

不是只有自己會受到牽連

身為家庭主婦，每天都有許多各式各樣的事務必須處理，但對於ADHD的人而言，最不擅長面對這種需要按部就班的瑣事了。

舉例來說，像是要回覆是否參加班上舉辦的同樂會時，明明只要在確認是否參加處做個記號再交出去就好，但ADHD的人就是會一再想著等一下再弄，等著等著就不小心忘記了。

不僅如此，明明老是對孩子叨念：「快點把學校的考卷拿給我看。」而自己卻會忘記把考卷交回學校。

此外，ADHD的家長也很有可能經常忘記繳交家長會費、遲交活動參加申請表等，不僅對學校老師造成困擾，也會令孩子陷入難堪的處境。忘東忘西不是只有自己會受到牽連而已，這一點千萬要銘記在心。

不要再往後拖延，現在就立刻處理

最重要的是必須自覺到自己缺乏處理事務的能力，進一步思考解決對策。

首先，一定要改掉愛拖延的毛病。若是因為覺得麻煩就一再拖延處理的時間，拖著拖著就會不小心忘記、文件也很可能就這麼不見了，到最後就會變成置之不理。

而越是置之不理，往後要處理時就必須花費更多手續、變得更加麻煩。而且，必須處理的事項越積越多，只會讓人越來越提不起勁去做，因此，一有該做的事情就要立刻去做，這就是最簡單、最輕鬆的解決方法。

要是在當天沒辦法立即處理的話，就準備一個專門放置待辦文件的盒子，把無法立即處理的東西先放進去。

同時也可以請丈夫一起幫忙，時時檢查文件盒內是否還有尚未處理的事務，或者是利用網路填寫申請表等，也都是不錯的方法。

為什麼沒辦法處理好文書類事務呢？

3 個陷阱

1 愛拖延的毛病

2 容易忘東忘西

3 由於不擅於整理收拾而找不到文件

○○非做不可

↓

· 感覺有點麻煩
· 現在在忙、待會再做
· 先不處理也沒關係吧

↓

遺忘

↓

「啊、對了！」
一定要處理○○

↓

「到底放到哪裡去了？？」

↓

「找不到、找不到、找不到」

↓

遲交失敗

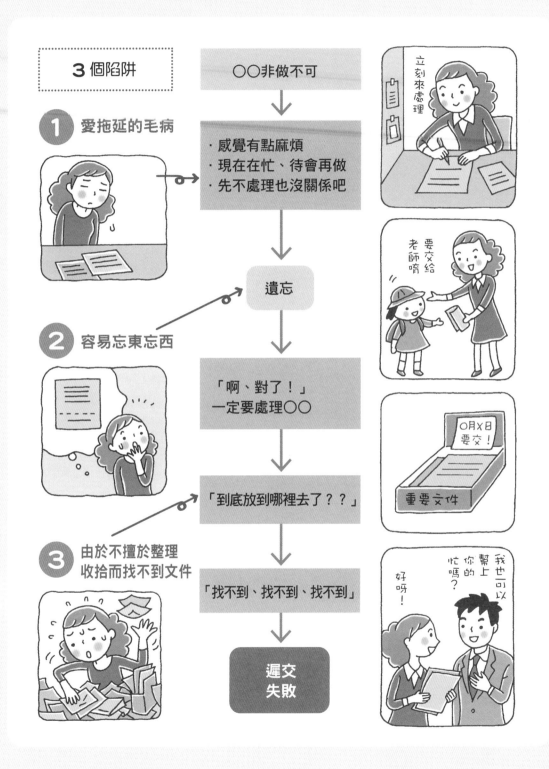

症狀別⑨ 成人ADHD的改善方法

無法建立起良好的親子關係、夫妻關係

由於擁有ADHD的特質，常會使親子關係或夫妻關係出現裂痕，導致自己喪失自信，與家人之間的關係也越來越惡化。請接受自己原本的模樣，盡力對家人付出愛吧！

無法建立良好關係是由於ADHD所造成

患有ADHD的母親無法保持一貫的態度，容易以善變的態度應對孩子。有時候容許孩子這樣做、有時候卻又說不可以，由於孩子無法了解母親的判斷基準究竟在哪裡，因此很容易感到混亂。不僅如此，ADHD的人又很容易忘記重要的事情，或因為性子比較急、無論大小事都會不斷催促孩子，再加上只要沒有獲得符合期待的結果，就會立刻翻臉發怒，這麼一來孩子當然也會有所反彈。

以這樣的態度對待丈夫，當然也會獲得一樣的結果。一旦在家事與教養方面都不順遂，就很容易意氣用事，導致夫妻之間的爭吵沒完沒了。

到最後，ADHD的母親就會覺得自己無論做什麼都很失敗，而感到自責，就連自信心也會消磨殆盡。

不過，在家庭中無法建立起良好關係絕對不是妳這個人不好，而是因為ADHD的緣故。光是這麼想，應該就能讓心情感到輕鬆許多吧？

請妳率直地承認自己不擅長的事項，並且請丈夫與孩子一起幫忙吧！與家人們充分討論過後，將決定好的事項都白紙黑字寫清楚；而家人們溫柔鼓勵的話語或是令人開心的事情也都可以寫下來。當妳感到難受時，就看看這些話語來鼓勵自己吧！

提升自我觀感 隨時保持面帶笑容

ADHD的人很容易陷入負面思考當中，由於做什麼事都常常失敗，因此看待事物的方式也會越來越悲觀。不過，一定要記住你還是擁有很多優點，只是你自己沒有察覺到而已。

不妨試著客觀分析自己容易陷入何種思考模式，並替自己進行轉換心情的訓練。

這麼一來，當自己建立起信心後，在心情上就會變得比較寬裕，臉上也能時時保持笑容。這就是建立起美滿家庭的最高指導原則！

負面思考的轉換法

負面思考		轉換後	
反正我就是做不到	轉換 →	不試試看怎麼知道	
我已經受夠了	轉換 →	再試著多做 1 次看看吧！	
我已經努力不下去了	轉換 →	現在有點累了，稍微休息一下再繼續努力吧！	
我真沒用	轉換 →	算了沒關係	
我又失敗了	轉換 →	下次再好好努力	
這次會失敗都是因為〇〇害的	轉換 →	下次換別種方法吧！	
我真是糟糕的父母	轉換 →	作為父母我也正在努力學習成長中	
看不到未來	轉換 →	先把自己能做到的事情慢慢做好，之後一定會展開嶄新的道路	
沒有任何人站在我這邊	轉換 →	家人總是支持著我、一定有人為我加油	

〔附 錄 1〕

衛生福利部國民健康署補助地方政府設置之兒童發展聯合評估中心

縣市	醫院名稱	聯絡電話
臺北市	北醫學大學附設醫院	02-27372181*3538
	臺北榮民總醫院	02-28712121* 2932/2940
	國立臺灣大學醫學院附設醫院	02-23123456*70405
	台灣基督長老教會馬偕醫療財團法人馬偕紀念醫院	02-2543-3535*3051
新北市	行天宮醫療志業醫療財團法人恩主公醫院	02-26723456*3305
	佛教慈濟醫療財團法人台北慈濟醫院	02-66289779*7713
	醫療財團法人徐元智先生醫藥基金會亞東紀念醫院	02-77282297
	天主教耕莘醫療財團法人耕莘醫院	02-2219-3391*67401
	衛生福利部臺北醫院	02-22765566*1106
桃園市	衛生福利部桃園醫院	03-3699721*1203
	長庚醫療財團法人林口長庚紀念醫院	03-3281200*8147
新竹縣	東元綜合醫院	03-5527000*1617
	國立臺灣大學醫學院附設醫院竹東分院	0972-654-808
新竹市	國立臺灣大學醫學院附設醫院新竹分院	03-5326151*3523
	台灣基督長老教會馬偕醫療財團法人新竹馬偕紀念醫院	03-6119595*6040
苗栗縣	財團法人為恭紀念醫院	037-676811*53382
	大千綜合醫院	037-357125*75103
南投縣	埔基醫療財團法人埔里基督教醫院	049-2912151*2012
	竹山秀傳醫院	049-2624266*31029
臺中市	臺中榮民總醫院	04-23592525*5936
	光田醫療社團法人光田綜合醫院	04-26625111*2624
	佛教慈濟醫療財團法人台中慈濟醫院	04-36060666*4136
	中國醫藥大學兒童醫院	04-22052121*2329
彰化縣	彰化基督教醫療財團法人彰化基督教醫院	04-7238595*1164
	衛生福利部彰化醫院	04-8298686 *2041/2043

縣市	醫院名稱	聯絡電話
雲林縣	國立臺灣大學醫學院附設醫院雲林分院	05-5323911*6125
	天主教若瑟醫療財團法人若瑟醫院	05-6337333*2237
嘉義市	衛生福利部嘉義醫院	05-2319090*2542
	戴德森醫療財團法人嘉義基督教醫院	05-2765041*6707
嘉義縣	佛教慈濟醫療財團法人大林慈濟醫院	05-264-8000*5773/1177
	長庚醫療財團法人嘉義長庚紀念醫院	05-362-1000*2692
臺南市	奇美醫療財團法人奇美醫院	03-5527000*1617
	國立成功大學醫學院附設醫院	0972-654-808
	臺南市立安南醫院 委託中國醫藥大學興建經營	06-3553111*1236
高雄市	高雄榮民總醫院	07-3422121*5017
	長庚醫療財團法人高雄長庚紀念醫院	07-7317123*8167
	財團法人私立高雄醫學大學附設 中和紀念醫院	07-3121101*6468
	義大醫療財團法人義大醫院	07-6150011*5751
屏東縣	屏基醫療財團法人屏東基督教醫院	08-7368686*2417
	安泰醫療社團法人安泰醫院	08-8329966*2012
基隆市	衛生福利部基隆醫院	02-2429-2525*3518
宜蘭縣	財團法人天主教靈醫會羅東聖母醫院	03-954-4106*6516
	國立陽明大學附設醫院	03-9325192*73281
	醫療財團法人羅許基金會羅東博愛醫院	03-9543131*3303/3322
花蓮縣	佛教慈濟醫療財團法人花蓮慈濟醫院	03-8561825*12311/12312
	臺灣基督教門諾會醫療財團法人門諾醫院	03-8241240
臺東縣	台灣基督長老教會馬偕醫療財團法人 台東馬偕紀念醫院	089-351642
	東基醫療財團法人台東基督教醫院	089-960115
澎湖縣	財團法人天主教靈醫會惠民醫院	06-9272318*120
金門縣	衛生福利部金門醫院	082-331960
連江縣	連江縣立醫院	0836-23995*1316

資料來源：衛生福利部國民健康署
https://www.hpa.gov.tw/Pages/Detail.aspx?nodeid=148&pid=548

〔附 錄 2〕

相關網站資源

衛生福利部國民健康署：健康九九網站－與自閉症特質同行

http://health99.hpa.gov.tw/educZone/edu_detail.aspx?CatId=21917&Type=002&kind=Sub

中華民國自閉症基金會

http://www.fact.org.tw/

兒童青少年精神醫學會

http://www.tscap.org.tw/TW/home/Default.asp

ADHD 注意力不足過動症資料網

http://www.adhd.club.tw/

財團法人台北市自閉兒社會福利基金會

http://www.ican.org.tw/content.asp?id=8

第一社會福利基金會

https://www.diyi.org.tw/

中華民國自閉症總會

http://www.autism.org.tw/modules/news/

教育部特殊教育通報網

https://www.set.edu.tw/

全國特殊教育資訊網

https://special.moe.gov.tw/index.php

各縣市早療通報轉介中心

https://system.sfaa.gov.tw/cecm/resourceView/detail2?qtype1=1&qtype2=4

好家教系列 SH0158

圖解 適齡教養

ADHD、亞斯伯格、自閉症

作　　者／司馬理英子
審　　定／黃雅芬
翻　　譯／林慧雯
插　　畫／三浦晃子
選　　書／梁瀞文
責任編輯／梁瀞文

行銷企劃／林明慧
行銷經理／王維君
業務經理／羅越華
總 編 輯／林小鈴
發 行 人／何飛鵬
出　　版／新手父母出版
台北市南港區昆陽街16號4樓
電話：02-2500-7008　傳眞：02-2502-7676
網址：http://citeh2o.pixnet.net/blog　E-mail：H2O@cite.com.tw
發　　行／英屬蓋曼群島商家庭傳媒股份有限公司城邦分公司
台北市南港區昆陽街16號8樓
書虫客服服務專線：02-25007718；02-25007719
24小時傳眞專線：02-25001990；02-25001991
服務時間：週一至週五上午09:30-12:00；下午13:30-17:00
讀者服務信箱E-mail：service@readingclub.com.tw
劃撥帳號／19863813；戶名：書虫股份有限公司
香港發行／香港九龍土瓜灣土瓜灣道86號順聯工業大廈6樓A室
電話：852-2508-6231　傳眞：852-2578-9337
電郵：hkcite@biznetvigator.com
馬新發行／城邦（馬新）出版集團
41, Jalan Radin Anum, Bandar Baru Sri Petaling,
57000 Kuala Lumpur, Malaysia.
電話：603-9057-8822　傳眞：603-9057-6622
電郵：cite@cite.com.my

美術設計／鄭子瑀
製版印刷／卡樂彩色製版印刷有限公司

初　　版／2018年10月04日
初版 8.5 刷／2024年08月16日
定　　價／450元
I S B N／978-986-5752-74-3

城邦讀書花園
www.cite.com.tw

國家圖書館出版品預行編目資料

圖解 適齡教養 ADHD、亞斯伯格、自閉症 /
司馬理英子著；林慧雯譯 . -- 初版 . -- 臺北市：新
手父母出版：家庭傳媒城邦分公司發行 , 2018.09
面；　公分 . --（好家教系列；SH0158）
譯自：アスペルガー・ADHD 発達障害シーン
別解決ブック
ISBN 978-986-5752-74-3（平裝）

1. 特殊兒童教育　2. 過動症　3. 親職教育

529.68　　107015162